KB214277

김솔로 ♡연애♡달인 되다

박동준 지음

비전북하우스

행복한 만남을 위한 연애 코칭

김솔로, 연애 달인 되다

초판1쇄 발행 · 2012년 05월 05일
초판2쇄 발행 · 2012년 05월 21일

저 자 · 박동준
펴낸이 · 이종덕
펴낸곳 · 비전북하우스

등 록 · 제 2009-8호(2009. 05. 06)
주 소 · 132-778 서울시 도봉구 해등로 25길 41번지
전 화 · 02) 6221-7930
이메일 · ljd630@hanmail.net
카 페 · http://cafe.naver.com/visionbookhouse

ⓒ 박동준 2012

편 집 · 박애순 조 진 안새롬   디자인 · 영성네트웍
표 지 · 문상우   영 업 · 소망사
                              Tel. 02-392-4232, 4233
                              Fax. 02-392-4231

정 가 11,000원
ISBN 978-89-962726-6-3   03230

＊이 책의 저작권은 저자가 가지고 있습니다.
 저자와 출판사의 허락 없이 책의 내용이나 표지를 인용하거나 복제할 수 없습니다.

김솔로 ♡연애♡달인 되다

박동준 지음

솔로 탈출 장담

나에게는 아직 결혼하지 않은 멘티들이 줄줄이 있는데 이 책을 읽으면서
계속 든 생각은 '이 책만 나와라! 꼭 내 멘티들에게 강추! 강추해서 먼저 읽
히리라' 였습니다.

"결혼하고 싶은 솔로 남녀들이 있다면 이 책을 읽어라! 그러면 누구라도
솔로 탈출 장담한다!" 라고 이 책을 추천하고 싶습니다.

이 책은 많은 크리스천 솔로들의 연애에 관한 질문들을 성경적으로 쉽고
간단하게, 그리고 실질적인 적용으로 접목시켜 주면서 너무나 상쾌 유쾌 통
쾌 그리고 하나님의 지혜로 답을 해주고 있습니다. 뿐만 아니라 호기심으로
책을 읽기 시작해서 감동과 눈물을 가져다 준 그런 책이기도 합니다.

책의 마지막 부분에서는 솔로 형제가 정하 자매에게 프러포즈를 하는 장
면이 나오는데 오십을 바라보는 여자인 나의 마음에도 밀려오던 그 감격과
감동으로 글을 읽다가 멈추고 그냥 울컥 울어버렸다니까요 글쎄!!

정말 솔로! 그대는 연애의 달인이 되었더군요!!

결혼하지 않은 솔로들뿐만 아니라 주변의 솔로들에게 결혼을 권면해야 할 위치에 있는, 이미 결혼한 부부들에게도 추천할 도서라고 생각됩니다.

"결혼해야지? 기도해 드릴게요! 좋은 사람 만나야 할 텐데…." 라는 식상한(?) 말만 하기보단 이 책을 소개해 줌으로써 좀 더 구체적인 지식으로 결혼의 실질적인 도움을 줄 수 있게 되리라 믿습니다.

지금까지 이 책을 기다리느라 솔로였을 그대!

이 책을 읽고 솔로에서 '연애 달인'이 될 것을 미리 축하드립니다!

솔로들을 위한 이렇게 가슴 시원케 하는 책을 써주신 박동준 목사님, 너무 고맙고 자랑스럽습니다.

임 은 미 선교사
케냐 선교사_ KOSTA 강사 _「최고의 날 최고의 그리스도인」저자

똑똑한 바보들의 책

오랜 만에 쉽고, 읽기 편하고, 마음에 와 닿는 책을 읽었습니다. 그러나
이 책이 담고 있는 무게는 가볍지 않습니다. 한 자리에 앉아서 불과 몇 시간
이면 읽어낼 수 있지만, 누군가에게는 한참을 머물러야 할 정거장도 많이
있습니다. 단순히 읽고 끝낼 책이 아니라 중간마다 깊은 묵상과 쉼이 필요
하다는 것입니다.

이 책은 오늘 우리에게 딱 맞는 책입니다. 현재 우리의 문화가 고스란히
담겨 있습니다. 집안에서 쉽게 만날 수 있는 공간, 집밖을 나서면 얼마 지나
지 않아 발견할 수 있는 공간, 그리고 내 손 안에 있는 또 하나의 공간. 그렇
기에 모든 이야기가 우리의 삶이며, 또 우리 삶의 자리에 알맞습니다. 다른
세상 이야기가 아니라 지금 여기에 있는 우리의 이야기입니다.

이 책은 똑똑한 바보들을 위한 책입니다. 똑똑한 바보들은 멀리에서, 어려운 데서 진리를 찾습니다. 그러나 진리는 멀리 있지 않고 가까이 있으며, 어려운 데 있지 않고 쉬운 데 있습니다. 이 책은 먼 곳에서 어렵게 진리를 찾고 있는 똑똑한 솔로들에게 아주 가까이에서 쉽지만 바르게 솔로에서 벗어날 수 있는 진리를 알려줍니다. 당신이 똑똑한 바보라면, 이 책에 조용히 귀를 기울여보시기 바랍니다.

누구에게 이 책을 권할 수 있을까? 먼저 결혼하고 싶은 남자, 결혼하고 싶은 여자, 즉 결남결녀들입니다. 두 번째는? 결남결녀를 옆에 두고 있는 누구나입니다. 세 번째는? 결남결녀를 바르게 인도해야 하는 사람들입니다. 네 번째는? 이제 막 성인이 된 사람들입니다. 이런 모든 그리스도인들에게 한 숨 없이 기꺼이 추천하고 싶은 책입니다.

김 용 민 교수
MCI 대표 _ 침례신학대학교 겸임교수

연애의 자잘한 내용부터 설레임까지

「김솔로 연애 달인 되다」의 추천서를 의뢰받았습니다. 아직 제가 추천서를 쓰기에는 부족한 것이 많아서 정중히 거절을 해야 하는데 박동준 목사님과는 페이스북 친구로 만났고 서로 글로 자주 만나고 있는 친구 사이랍니다. 페이스북에서도 서로 댓글을 주고받는 친구인지라 거절할 수가 없어서 부족하지만 추천서를 써보기로 약속을 했습니다.

원고를 보내달라고 하고 조금 바쁜(?) 시간을 내서 다 읽어 보는 동안 여러 가지 생각을 했습니다.

우선 이 모든 내용들을 다 풀어쓰는 탁월함에 놀랐습니다. 연애의 자잘한 내용부터 약간의 설레임까지 딱딱한 강의안이 아닌 강의와 실제를 접목시키는 다양한 방법에 참 연애의 흥미진진함을 더하게 되었습니다.

그러다 보니 저도 결혼예비학교와 데이트스쿨에서 강의를 하고 있는데 직업병의 하나로(?) 강의내용들을 읽어가면서 이 부분은 제가 가서 좀 이용해야(?)겠다고 생각이 들어 옮겨놓은 부분들이 많았답니다.

박 목사님이 친구사이니까(?) 이해해 주시리라 믿습니다.

그리고 이 책은 한 권이 더 나와야 할 것 같은데요. 우리 솔로 씨와 정하 씨가 결혼을 했는지, 결혼을 했으면 어떻게 했는지, 신혼여행은 어디로 갔는지, 신혼생활은 잘 하고 있는지 이거이거 궁금한 것이 더 많아집니다.

연애의 궁금했던 내용들을 하나하나 풀어주신 노력에 감사드리고요. 이왕 고생하며 노력하신 것, 어서 김솔로의 다음편도 공개해 주시기를 바랍니다. 나중에 김솔로 씨와 정하 씨가 아이 낳으면 다음세대 교육은 저도 나서서 조금은 도움을 드리도록 하지요.

아마도 이 책은 솔로들이 보아야 하는 면도 있지만, 청년사역자들과 교역자님들이 편안히 읽어보시면 현장 사역에 쉽게 그러나 진지하게 접목이 될 것 같습니다.

특별히 솔로 청년들이라면 당연히 필독서가 되어야 할 것 같습니다.

이 책을 보는 모든 분들이 멋진 솔로탈출의 시작이 될 것 같아서요.

멋진 평생 동역자와의 만남이 되기를 축복하고 축복합니다. 저도 함께해서 진심하고 사랑합니다. 언제나 가까운 페이스북 친구 임우현 목사입니다.

임 우 현 목사
징검다리선교회 대표 _ 하늘향기교회 담임목사

성공적인 연애, 행복한 결혼 가이드

　주변에 보면 연애에 목말라하는 싱글들로 넘쳐납니다. 간혹, 아주 간혹 '나는 독신주의자다.' 라고 주장하는 싱글을 보기도 합니다만 다수의 싱글들은 좋은 사람 만나서 예쁘게 연애해서 아름답게 결혼하고 싶어 합니다. 그것이 싱글들의 바람입니다.

　그런데 현실 상황은 다르게 전개되고 있습니다.

　미혼율이 해가 지날수록 빠른 속도로 증가하고 있습니다. 자기 스스로를 모태 솔로(?)라고 주장하며 시린 옆구리를 부여잡고(?) 외로움이 주는 고통에 몸부림치는 싱글들이 점점 늘어나고 있습니다.

　20대에 결혼하는 여성들은 30%에 불과합니다. 30대 여성 인구가 10년 전보다 23만 명이나 줄어들었는데도 미혼자는 오히려 48만 명이나 더 늘었다는 통계가 있습니다. 여성뿐인가요? 남성도 마찬가지입니다. 30대 남성의 미혼율은 2000년 19.3%에서 37.9%로 증가했습니다. 30대 남성의 미혼자 수도 80만 명에서 148만 명으로 10년 새 1.5배 가량 늘어났습니다. (2010년 기준)

　미혼률만 증가하는 것이 아닙니다. 싱글들의 결혼 적령기도 점점 높아지고 있습니다.

남자는 2000년에 29.3세에서 2010년에는 31.8세로, 여성은 같은 기간 26.5세에서 28.9세로 높아졌습니다.

왜 이런 현상이 생겼을까요?

첫째, 결혼에 대한 가치관이 바뀌었기 때문입니다.

'결혼은 꼭 해야 한다.'에서 '결혼을 꼭 해야만 하는 것은 아니다.'라고 생각하는 싱글들이 늘어나고 있습니다. 결혼이 필수가 아니라 선택으로 바뀌어가고 있는 것이죠.

둘째, 성공적인 연애에 대한 교육을 받지 못했기 때문입니다.

'명문대 입학'을 위한 공부는 유치원에 들어가기도 전에 시작되지만 아름다운 가정을 이루는데 기초가 되는 '성공적인 연애'에 관한 공부는 어디에서도 가르쳐주지 않습니다. 그래서 많이 서툽니다. 서툴기에 시행착오를 겪고, 시행착오 까닭에 가슴 아픈 이별과 실패도 경험합니다.

저는 십수 년 전부터 교회에서 청소년, 청년들의 이성 문제를 상담하고 가르쳐왔습니다. 그러면서 발견한 사실은 대부분 연애에 관한 현실적이고 성경적인 지식이 부족하다는 사실이었습니다.

'지피지기 백전불태'[知彼知己 百戰不殆]라는 말을 잘 알고 계시지요?

손자병법 모공편(謀攻篇)에 실려 있는 글로 "상대를 알고 나를 알면 백 번 싸워도 위태롭지 않다."는 말입니다. 즉, 상대편과 나의 약점과 강점을 충분히 알고 싸움에 임하면 반드시 이길 수 있다는 의미를 담고 있습니다.

이 말은 전쟁에만 해당될까요? 아닙니다. 연애와 결혼에도 해당됩니다. 성공적인 연애를 위해서는 알아야 합니다.

어떻게 매력적인 사람이 될 수 있는지, 효과적인 연애방법은 무엇인지, 스킨십의 기준은 어디까지인지, 성공적인 프러포즈는 어떻게 하는지 등을 아는 것과 모르는 것은 큰 차이가 있습니다. 아는 것이 '힘'이니까요.

부산 극동방송에서 〈올핸 나도 결혼할 거야〉라는 코너와 미혼 크리스천 싱글들의 모임인 〈결남결녀〉(결혼하고 싶은 남자, 결혼하고 싶은 여자)를 진행하면서 성공적인 연애에 관한 노하우를 강의했습니다. 제 강의를 들은 싱글들 가운데서 1년 반 사이에 열두 명의 남녀가 결혼을 했습니다. 이런 모습들을 보면서 전국에 있는 싱글들에게 '성공적인 연애를 위한 팁'을 알려야 겠다는 생각을 하게 되었고, 하나님의 전적인 은혜로 이번에 책으로 출간하게 되었습니다.

「김솔로, 연애 달인 되다」는 연애 초보인 서른일곱 노총각 김솔로가 결남결녀라는 모임에 참석해서 연애와 결혼에 대한 강의를 듣고 연애 달인이 되어 프러포즈에 성공한다는 '연애 성공 스토리'입니다. 어떻게 하면 독자들로 하여금 쉽고 재미있게 읽게 할까를 고민하던 끝에 소설 형식으로 쓰게 되었습니다. 따라서 강의 형식으로 쓰여진 다른 책들보다는 훨씬 더 흥미진진하게 읽혀질 수 있으리라 확신합니다.

연애 초보인 김솔로의 발자취를 한 걸음 한 걸음씩 따라가다 보면 어느새 연애에 관해 달인이 되어 있는 자신의 모습을 발견할 수 있을 겁니다.

「김솔로, 연애 달인 되다」는 결혼 적령기에 이른 싱글들만 봐야할 책은 아닙니다. 이성 교제가 늘어나고 있는 십대 청소년들, 그런 자녀를 두고 있는 부모님들, 교회에서 청소년, 청년담당 목회자분들은 꼭 봐야 할 필독 도서라고 생각합니다.

이 책이 나오기까지 도움을 주신 분들께 감사의 뜻을 전합니다.

먼저 「김솔로, 연애 달인 되다」가 예쁜 책으로 출간될 수 있도록 힘써주신 비전북하우스 이종덕 대표님, 책 쓰는데 전념할 수 있도록 내조해준 사랑스런 아내 이성신, 그리고 목회의 좋은 멘토이신 복음영광교회 라건국 목사님, 참좋은교회를 위해 항상 기도하시는 기도의 동역자 고영미 집사님, 늘 든든한 지원군인 가족들, 끝으로 21년 전 대학교 입학식을 하루 앞두고 하늘나라로 먼저 가신, 그래서 더 가슴시리도록 생각나는 어머니 고 정연자님께 이 책을 바칩니다.

박동준 목사

목차

매력적인 여자를 좋아 한다.

곰보다 여우같은 여자를 좋아 한다.

능동적인 여자를 좋아 한다.

♥ 사랑의 팁

김솔로,
연애의 달인 되다

1화
결남결녀 모임신청을 하다

평소보다 차가 더 많이 막히는 토요일 오후였다. 동서고가에서 시작된 정체가 하마정 사거리까지 이어졌다. 거북이 걸음처럼 답답한 차량 행렬은 솔로의 마음에 작은 짜증을 일으켰다. 핸드폰을 확인해봤다. 돈 좀 갖다 써달라는 대출광고가 짜증을 더해주는데 주말 교통 체증의 짜증을 확 풀어줄 친구의 문자 하나 없었다.

몇 년 전까지만 해도 상황이 이렇지 않았다. 토요일엔 늘 약속이 끊이지 않았지만 친구놈들이 하나둘씩 장가를 가면서 상황이 역전된 것이다. 연락이 가뭄에 콩 나듯 왔다. 한 주간의 스트레스를 푸는 날이었던 토요일이 이젠 단지 지루하고 심심한 날로 전락해 버리고 말았다. 일요일엔 교회라도 가는 스케줄이 고정적으로 있기 때문에 무료함을 덜 느낄 수 있었지만 오늘같은 토요일은 정말 대책이 없었다.

작은 구름처럼 마음 한 구석에서 짜증이 몽글몽글 올라왔다. 그래봤자 정신건강에 도움될 거 없다는 생각이 든 솔로는 본능적으로 라디오를 켰다. 답답할 때, 정말 외롭다고 느껴질 땐 음악만한 게 없었다. 선택된 채널은 FM 93.3 극동방송이었다. 쓸쓸하고 적막했던 차안에 음악이 흘러나오자 꽉 죄었던 숨통이 트이는 느낌이었다.

♬ 그 사랑~ 날 위해 죽으신 날 위해 다시 사신 예수 그리스도…

정말 오랜만에 듣는 마커스의 찬양이었다. 예전엔 찬양을 자주 들었었다. 팀장이 되면서부터 업무량이 부쩍 많아졌다. 그 뒤로 찬양 듣는 일은 엄두조차 나지 않았다. 아니, 어쩌면 일보다는 마음에 여유가 없어진 까닭인지도 모른다.

오전 8시에 출근해서 저녁 6시에 일상적인 업무가 끝나면 회사 근처 식당에서 저녁을 먹었다. 그리고 다시 회사로 돌아와 9~10시까지 야근하는 일이 잦았다. 파김치처럼 피곤에 절어 축 늘어진 몸으로 집에 돌아와 씻고 잠깐 텔레비전 앞에 앉아 있다 보면 어느새 눈꺼풀은 감당하지 못할 만큼 무거워졌다. 자려고 했던 건 아니었다. 하지만 자신도 모르게 리모컨을 손에 쥐고 씻지도 않은 채 침대 위에서 쓰러져 잠들었고, 그 다음날 졸린 눈을 비빈 채 간신히 일어나는 생활이 반복되고 있었다.

솔로의 노력이 상사 눈에 띄었던 걸까? 지난달, 최 과장이 솔로를 넌지시 불렀다.

"김 팀장! 이번 프로젝트 마감될 때까지만 좀 더 힘내자구! 내가 자네 수고한 건 기억하고 있으니까 열심히만 해. 연말에 우수사원 추천도 생각하고 있다네."

솔로는 멋쩍은 웃음을 지은 채 뒷머리를 긁적이며 과장실을 나왔다. 마음엔 여러 가지 감정들이 교차했다. 윗사람으로부터 인정받고 있다는 뿌듯함은 좋았다. 반면에 서른일곱이 되도록 여전히 싱글이라는 사실은 씁쓸한 외로움으로 다가왔다.

스물일곱에 입사해서 서른일곱이 되기까지 십 년이란 세월 동안 쉬지 않고 달려왔다. 주어진 업무는 최선을 다해 처리했다. 다른 동료들이 정시에 퇴근할 때 솔로는 늦게까지 남아 일을 처리했다. 그런 성실한 태도 때문에 팀장 직함도 동료들보다 빨리 달 수 있었다. 하지만 연애와 결혼문제만큼은 결코 쉽게 풀리지 않았다. 몇 년 전까지만 해도 지인들이 소개팅 자리를 주선해 주기도 했었다. 하지만 한번도 좋은 결과가 없었다. 내성적인 성격 탓이었을까? 소개팅 자리는 너무 불편하고 어색했다. 앞자리에 앉아 있는 여자에게 무엇을 물어봐야 할지, 어디를 가자고 해야 할지 떠오르지 않았다. 마치 외워 놓은 공식을 줄줄 외듯 몇 마디하고 나면 더 이상할 말이 없었다. 당연히 그런 솔로의 소심한 모습을 좋아할 여자는 없었다. 애프터 신청은 시도조차 못해봤다. 시도했어도 자신감 없는 모습에 퇴짜만 맞았을 테니까.

솔로는 모태솔로이기도 했지만 모태신앙이기도 했다. 솔로의 양친은 신앙심이 깊었다. 그래서 장남인 솔로가 태어났을 때 구약성경에 나오는 다윗의 아들 '솔로몬' 처럼 지혜로운 사람이 되기 바랐다. 그래서 이름을 '솔로' 라고 지어주었다. 이름 탓이었을까? 솔로는 부모의 바람처럼 영특했다. 학교에 다닐 때 성적은 늘 상위권이었다. 직장도 대기업은 아니지만 탄탄한 곳에 입사했다. 진급도 빨랐다. 솔로의 앞길은 탄탄대로인 것 같았다. 하지만 결혼문제는 달랐다. '솔로' 라는 이름엔 지혜의 왕 '솔로몬' 의 의미뿐만 아니라 '싱글' 이라는 의미도 있었다. 그래서는 아니겠지만 결혼 적령기를 훌쩍 넘겨 서른일곱이 된 지금도 여전히 옆구리가 시린 '솔로' 로 지내고 있다는 생각에 마음이 무거웠다.

어느덧 라디오에선 찬양이 끝나고 광고 멘트가 흘러나왔다. 아무 생각 없이 흘려듣던 솔로의 귀를 솔깃하게 만드는 광고가 흘러나왔다.

"양정에 있는 참좋은북카페 교회에서 결남결녀 1기 회원을 모집합니다. 결남결녀는 '결혼하고 싶은 남자, 결혼하고 싶은 여자' 의 줄임말로 미혼 크리스천들의 모임입니다. 대상은 남자 74년 2월 이후 출생자, 여자는 76년 2월 이후 출생자입니다. 남녀 각 10명씩 선착순으로 모집합니다. 기간은 5월 첫째 주부터 6월 셋째 주까지 7주간입니다. 관심 있는 분들은 4월 말까지 참좋은교회 박호준 목사님께 신청해주시기 바랍니다."

광고를 듣는 순간 솔로의 심장은 갑자기 빠른 속도로 뛰기 시작했다. 기대감 때문이었다. 결혼을 준비하는 미혼 크리스천 모임이라는 말에 어떤 느낌이 왔다. 광고 멘트가 계속 솔로의 머릿속을 맴돌았다. 꼭 신청하리라는 결심을 굳혔다.

놀라운 일이었다. 평소 같았으면 내성적인 성격 탓에 이런 모임 신청에 나가봐야겠다는 것은 상상할 수도 없는 일이었다. 그런데 이번엔 아니었다. 무슨 일이 있어도 꼭 신청해야겠다는 마음이 마치 무엇인가에 홀린 사람처럼 강하게 솟구쳐 올라왔다. 솔로는 급하게 라디오에서 알려주는 연락처를 메모했다. 집에 도착하자마자 코트를 침대 위에 던지고 저장해 놓은 번호로 전화를 걸었다.

신호음이 갔다.

"네. 박호준 목사입니다."

낯선 서울 말투였다. 전화기를 통해 들리는 중저음의 목소리는 듣는 이에게 편안함을 주었다.

"안녕하세요! 부산 극동방송 라디오 광고 듣고 전화 드립니다. 혹시 통화 가능하세요?"

솔로가 조심스럽게 물었다.

"괜찮습니다. 말씀하세요."

"저… 결남결녀라는 모임에 대해 몇 가지 물어보려구요. 남자는 몇 살까지 참석할 수 있을까요?"

"나이가 어떻게 되죠?"

"저는 올해 서른일곱입니다."

솔로는 '서른일곱'을 발음하면서 벌써 나이를 이렇게 먹었나 하는 생각에 위축되는 자신을 느낄 수 있었다.

"서른일곱이면 75년생이죠? 가능합니다. 남자는 서른여덟까지 참석할 수 있거든요."

참석 가능하다는 박 목사의 말에 솔로의 입가엔 미소가 지어졌다.

"그렇군요. 제가 광고를 꼼꼼히 듣지 못해서 그런데요. 언제 몇 시에 모이나요?"

"5월 첫째 주부터 6월 셋째 주까지 7주간 모입니다. 매주 토요일 저녁 6시에 모이구요."

"모임 장소는 어딘가요?"

"혹시 부산시교육청 맞은편에 있는 현대아파트 상가 아세요?"

솔로는 기억을 더듬었다. 부산시교육청 맞은편에 있는 현대아파트라면 솔로가 출퇴근 하는 도로 길가에 있는 큰 상가인 것 같았다.

"혹시 아파트 길가에 있는 상가 말씀이신가요?"

"네. 맞아요. 큰 길가에 있는 7층짜리 상가입니다. 1층엔 우리은행 간판이 크게 보일 거에요. 그 상가 5층으로 오시면 됩니다."

"선착순 모집이라고 하던데 혹시 지금도 자리가 남아 있나요?"

솔로의 가슴은 두근거렸다.

"그럼요. 여자분들은 얼마 안 남았는데 남자분들은 여유가 있어요. 성함하고 나이를 다시 한번 말씀해 주실래요? 회비는 당일 날 내시면 됩니다."

"네. 제 이름은 김솔로구요. 나이는 서른일곱입니다."

"알겠습니다. 이번 주 말고 다음 주 토요일 여섯 시까지 오시면 돼요. 주차장은 상가 뒷쪽으로 오시면 지하 주차장으로 내려가는 입구가 보일 거예요. 혹시 모르시겠거든 전화주세요."

"잘 찾아가보겠습니다. 안녕히 계세요!"

통화가 끝났다. 솔로는 안도의 한숨을 내쉬었다. 동시에 뭔가 엉뚱한 일을 저질러버린 것은 아닐까 하는 두려움이 엄습했다.

'가서 짝을 만나기는커녕 망신만 당하는 거 아냐? 지금까지 늘 실패만 했었는데. 그냥 다시 전화해서 등록 취소해달라고 할까?'

여러 가지 생각으로 머리가 복잡해졌다. 하지만 시작해보지도 않고 물러설 수는 없었다.

'그래, 한 번만 나가보자. 아니다 싶으면 그 다음부터 안 나가면 되잖아. 미리 겁먹고 포기하지 말고 눈 딱 감고 한 번만, 딱 한 번만 나가보자 솔로야! 이번엔 꼭 짝을 구해야지!'

이렇게 결심을 굳히자 머릿속이 한순간에 깔끔하게 정리가 되고 마음도 편안해졌다. 주어진 업무를 처리하다 보면 일주일은 금방 지나갈 것이 분명했다. 다른 크리스천 싱글들과 만난다는 사실은 솔로의 마음 한구석에 기대감의 싹을 틔우기에 충분했다. 마음이 설레였다. 마치 소풍을 손꼽아 기다리는 어린아이처럼….

2화
결남결녀 모임에 가다

일주일이 어떻게 지나갔는지 모를 만큼 시간이 번개같이 지나갔다. 주어진 업무도 많았지만 결남결녀 모임에 대한 생각 때문이었을까? 시간이 평소보다 더 빨리 지나간 것처럼 느껴졌다. 근무를 마치고 한걸음에 집으로 달려왔다. 옷장을 열었다. 하지만 입을 만한 옷이 없었다. 그도 그럴 것이 몇 년째 옷을 산 기억이 별로 없었다. 옷장에 걸려있는 양복들은 하나같이 유행과는 거리가 멀었다. 최근에 구입한 게 4년 전이었는지 5년 전이었는지 생각이 나지도 않았다. 가장 덜 낡은 양복을 옷장에서 꺼내 들었다. 입고 거울 앞에 서보니 왠지 후줄근하게 느껴졌다.

'세련되어 보이는 게 아니라 오히려 노티가 팍팍 나잖아.'
부랴부랴 양복을 벗어 다시 옷장에 걸었다. 이번엔 청바지에 티셔츠를 꺼내 입고 거울 앞에 섰다. 전체적인 모습이 언밸런스했지만 그래도 양복

입은 것보다는 젊게 보이겠지 싶었다. 삼십대 초반까지만 하더라도 외모에 대한 컴플랙스는 없었다. 그런데 사십을 향해 달려가고 있는 거울에 비친 솔로는, 피씨방 입구에서 만날 수 있는 흔한 동네 아저씨 그 이상도 이하도 아니었다. 씁쓸했다.

'어쩌다가 이렇게 됐지?'

스스로에게 질문했지만 답을 찾을 수 없었다.

솔로는 이런 모임에 나가려는 자신의 모습을 생각하며 괜한 짓 하는 것 같아 마음이 무거워졌다.

탁상시계를 쳐다봤다. 오후 세 시. 모임까지는 앞으로 세 시간 정도 남아 있었다.

'몇 시까지 갈까?'

마음만 먹으면 얼마든지 일찍 갈 수도 있었다. 하지만 일찍 가봐야 좋을 것은 없었다. 낯선 사람들을 만난다는 것은 불편하고 어색했다. 이럴 때는 차라리 정시에 맞춰가는 것이 상책이었다. 침대에 누워 누가 나올지, 모임은 어떤 식으로 진행될지, 이런 저런 상상을 했다. 그렇게 두 시간 넘게 뒹굴거리다가 모임 장소로 출발했다. 토요일 오후라서인지 예상외로 차가 많이 막혔다. 평소에 시간약속을 칼같이 지키는 것을 소신으로 삼고 있던 솔로는 당황하기 시작했다. 그렇게 현대프라자 상가에 도착하니 시계는 5시 55분을 가리키고 있었다. 상가 뒤쪽으로 가자 지하 주차장으로 들어가는 입구가 보였다. 서둘러 지하 3층에 주차를 하고는 엘리베이터로 뛰어갔다.

'5층으로 오라고 했지?'

5층 버튼을 눌렀다. 엘리베이터가 올라가자 솔로의 마음도 점점 긴장됐다. 엘리베이터 문이 열리자 바로 정면에 '북카페어린왕자'가 보였다. 유리창 안쪽엔 여러 가지 예쁜 색깔의 조명이 환하게 켜져 있었고, 한눈에 보이는 내부는 아기자기한 분위기의 인테리어로 꾸며져 있었다. 화려하진 않았지만 은은한 아름다움이 느껴졌다. 솔로는 입구를 찾아 걸어갔다. 카페 안에는 이미 많은 젊은 남녀들이 삼삼오오 서 있거나 앉은 채로 대화를 나누고 있었다.

심호흡을 한 번 크게 하고 문을 열었다. 들어서자마자 진한 아메리카노 향이 코끝을 기분 좋게 자극했다. 솔로는 특히 아메리카노를 좋아했다. 하루에 한두 잔씩은 꼭 마셔야했다. 처음엔 쓴 맛이 강해 설탕을 넣지 않고는 마시지 못했다. 그러다 아메리카노 특유의 씁쓸한 맛에 길들여지기 시작했고, 마시면 마실수록 친한 친구처럼 가까워졌다. 진한 커피 향은 솔로의 긴장된 마음을 이완시켜 주었다. 한참 아메리카노 향에 취해있는데 한 사람이 솔로에게 다가왔다. 목사라고 보기에는 너무 젊어 보였다.

'스텝인가?'

그 남자는 웃으며 솔로에게 물었다.

"어서 오세요. 성함이 어떻게 되죠?"

"네. 제 이름은 김솔로입니다."

"아~ 지난주에 전화로 통화했던 솔로 형제님이군요. 반갑습니다. 제가 이 모임을 주관하는 박호준 목사에요."

깜짝 놀랐다. 이런 모임을 주관하는 목사님이라면 나이가 있을 줄 알았다. 그런데 나이가 지긋하기는커녕 얼굴로는 자기보다 훨씬 더 젊어보였기 때문이었다.

솔로는 괜히 뜨끔해서 얼굴이 굳어졌다.

"목사님이셨어요? 너무 젊어보이셔서 스텝인 줄 알았습니다."

박 목사는 미소를 지으며, 당황해하는 솔로를 접수 카운터로 안내했다.

"여기에서 접수하세요. 명찰 받으신 다음 앞쪽 테이블로 가시면 이름이 붙어 있을 거예요. 거기 가서 앉아계시면 됩니다."

솔로는 접수를 마치고 명찰을 받아 목에 걸었다. 주위를 살피자 대여섯 개의 테이블은 이미 사람들로 거의 차 있었다.

'이럴 줄 알았으면 조금만 더 일찍 올걸.'

뒤늦은 후회였다. 조심스레 빈 의자가 있는 테이블로 향했다. 맨 앞, 오른쪽 테이블에 '김솔로'라는 이름이 하얀 종이 위에 깔끔하고 큼직하게 적혀 있었다. 자리엔 이미 남자 하나와 두 명의 여자가 앉아 있었다.

"안녕하세요. 저는 김종신이라고 합니다."

자리에 앉는 솔로를 보고 종신이 먼저 악수를 청해왔다.

"네. 처음 뵙겠습니다. 저는 김솔로라고 합니다."

"네? 이름이 '솔로'시라구요? 한번 들으면 절대 안 잊어버리겠는데요?"

종신의 말에 함께 테이블에 앉아있던 두 여자는 재미있다는 표정을 지었다. 솔로는 귓볼이 붉어졌다. 여자들과는 통성명도 못한 채 어색한 목례로 간단히 인사를 나누고는 시선을 앞쪽으로 향했다.

종신은 이목구비가 뚜렷한 미남형이었다. 말주변도 좋아 같은 테이블에 앉은 여자들과 마치 오래전부터 알고 있던 사람들처럼 넉살좋게 이런 저런 대화를 나누고 있었다. 다른 건 몰라도 처음 만난 사람과 편안하게 대화를 나누는 그의 모습이 부럽게 느껴졌다.

그때였다. 박 목사가 앞으로 나와 마이크를 잡았다. 핸드폰을 꺼내 시간을 보니 정확히 6시였다.

"결남결녀 모임에 오신 여러분들을 환영합니다. 인사드릴게요. 저는 결남결녀 대표, 박호준 목사입니다. 반갑습니다!"

박 목사가 고개 숙여 인사하자 사람들이 힘찬 박수로 화답했다.

"먼저 모임에 대해 안내하도록 하겠습니다. '결남결녀'는 싱글 크리스천들의 모임입니다. 성공적이고 성경적인 연애와 결혼을 위한 강의와 건전한 만남을 갖는 것이 이 모임의 목적입니다. 여러분들은 앞으로 7주간 매주 토요일 저녁마다 함께 모여 강의를 듣게 될 겁니다. 뿐만 아니라 서로 자연스럽게 알아가는 시간도 갖게 될 거구요. 첫 시간이라 그런지 여러분들 표정이 많이 긴장되어 보이네요. 너무 긴장하지 마세요. 마음 편히 먹고 그냥 주어진 시간을 즐기세요. 이 모임을 통해서 커플이 되면 말할 나위 없이 좋은 거고, 커플로 연결 되지 않아도 유익한 강의를 들을 수 있으니 좋잖아요. 자! 오늘은 첫날이니까 테이블 별로 간단히 자기소개 하고 저녁 먹겠습니다. 식사가 끝나면 제 강의가 시작될 거구요. 기도회로 마칠 예정입니다. 혹시 질문 있으신가요?"

다행히 아무도 질문하는 사람들은 없었다.

"질문이 없는 걸 보니 다들 출출하다는 뜻으로 받아들이겠습니다. 한 가지만 덧붙여 말씀드리자면 제 강의 방식은 약간 독특합니다. 대부분의 강사들은 강의를 다 마친 다음 질문을 받잖아요. 그런데 저는 안 그래요. 시작할 때는 물론이고 중간, 끝 할 것 없이 제가 여러분께 질문을 하기도 하고, 여러분의 질문을 받기도 합니다. 그럼, 테이블 별로 서로 인사하고 식사를 시작할까요?"

솔로는 박 목사의 설명을 들으면서 기대감이 생겼다. 지금까지 교회에서 해 왔던 모임과는 성격이 많이 달라보였다. 사람들은 테이블 별로 서로 인사를 나눴다. 그렇게 어색했던 분위기는 조금씩 사라지고 이내 화기애애한 분위기가 만들어졌다.

3화
매력적인 여자

저녁식사는 솔로가 좋아하는 돈까스였다. 네모 난 도시락 안에는 여러 가지 반찬들이 깔끔하게 들어있었다. 노르스름하게 튀겨진 돈까스는 씹을 때마다 고소한 육즙이 흘러나와 입맛을 자극했다. 식사 후엔 박 목사가 커피를 직접 만들어줬다. 바리스타를 하는 목사는 처음 봤다. 사람들은 차를 마시며 이야기보따리를 슬슬 풀어놓기 시작했다. 물론 내성적인 솔로는 말을 하기보다 테이블에 앉은 사람들의 말에 귀를 기울이고 있었다. 그때 앞으로 나온 박 목사가 말했다.

"식사 맛있게 하셨나요? 이제 강의를 시작할 텐데요. 의자를 앞으로 돌려서 저를 바라보고 앉아주시면 감사하겠습니다."

솔로를 비롯한 몇몇 사람들은 테이블 쪽으로 향해있던 의자 방향을 앞으로 돌려놓고 앉았다.

"제 첫 번째 강의는 남녀의 심리에 대한 것입니다. 다시 말하면 '여자는 어떤 남자를 매력적으로 느끼는가? 또 남자는 어떤 여자를 매력적으로 느끼는가?' 하는 건데요. 연애든 사회생활이든 상대방의 심리를 아는 것은 매우 중요합니다. 성공의 첫 걸음이기도 하구요. 그런 의미에서 오늘은 남자가 좋아하는 '매력적인 여자'에 대해서 알아보도록 하겠습니다. 한번 따라해 볼까요? 매력적인 여자!"

"매력적인 여자!"

여자들의 목소리는 들리지 않았다. 그나마 남자들도 몇 명만 따라했다. 분위기는 썰렁했다.

박 목사는 웃으며 사람들을 둘러봤다.

"처음이라 아직은 어색하죠? 당연한 겁니다. 괜찮습니다. 앞으로 어색한 건 금방 없어질 테니까요. 자! 연애를 잘 하기 위해서는 상대방의 마음을 아는 능력을 갖추는 게 필요하다고 말씀드렸죠. 즉 여자는 남자의 마음을 알고, 남자는 여자의 마음을 알면 절반은 성공한 겁니다. 그런 의미에서 여기 있는 남자분들 마음을 조금 들여다볼까요?"

박 목사는 강단에서 내려와 뒤로 걸어갔다. 그리고 규태에게로 다가갔다. 규태는 선한 이미지였고 키가 제법 컸다. 명찰을 확인한 박 목사가 규태에게 물었다.

"규태 형제는 어떤 타입의 여자를 좋아해요?"

"저는 부드러운 여자가 좋습니다."

작지만 분명한 목소리였다.

"부드러운 여자라… 흐음, 혹시 그 이유를 말해줄 수 있을까요?"

규태는 약간 쑥스러운 표정으로 대답했다.

"좀 창피할 수도 있는 얘긴데요. 제 어머니께서 아주 강한 스타일이시 거든요. 거의 여장부에 가까울 정도로요. 물론 어머니께서 그렇게 되신 건 이유가 있었죠. 성품은 온유하셨지만 경제적으로 무능력했던 아버지 대신 어머니가 가정을 책임져야 하셨죠. 그래서 본의 아니게 강해지신 것 같아 요. 어쨌든 사춘기를 겪으면서 저는 그런 어머니의 강한 모습이 별로 좋아 보이진 않았어요. 나중에 제 아내 될 사람은 성품이 온유하고 부드러웠으 면 좋겠다고 생각했습니다."

규태는 조금도 어려워하는 내색 없이 자기의 가정사를 사람들 앞에서 솔직하게 꺼내났다.

"그랬군요. 충분히 이해가 갑니다. 솔직하게 얘기해줘서 감사해요."

박 목사는 중간 테이블로 가서 물었다.

"이번엔 주영 형제에게 물어볼게요. 어떤 타입의 여자를 좋아하세요?"

안경을 낀 주영은 약간 마른 체형으로 꼼꼼해 보이는 인상이었다.

"저는 여성스러운 타입의 여자를 좋아합니다."

주영의 대답에 박 목사는 고개를 갸우뚱거렸다.

"조금 피상적인 대답인데요. 본인이 생각하는 여성스러운 타입이란 어 떤 것인지 우리들이 이해하기 쉽도록 더 구체적으로 말해 줄래요?"

"제가 말주변이 없어서 말로 표현하기가 조금 어려운데요. 제가 생각하 는 여성스러운 타입은 외모도 성품도 천생 여자라서 남자의 보호본능을

일으키는 그런 여자 있잖아요. 음… 뭐라고 표현을 잘 못하겠네요."

주영은 답답했는지 자기 가슴을 주먹으로 두드렸다.

그 모습을 보던 박 목사가 웃으며 말했다.

"어떤 의미인지 알았으니까 진정하세요. 일단 두 분의 대답을 들었습니다. 과연 남자들은 어떤 타입의 여자를 매력적이라고 생각할까요? 보편적인 기준을 제시해 드리겠습니다. 이 자리에 앉아 계신 여자분들은 귀를 쫑긋 세우고 잘 들어보세요. 저는 네 가지만 골라봤습니다. 첫째, 매력적인 타입의 여자를 좋아합니다. 어떤 타입을 좋아 한다구요?"

"매력적인 타입이요!"

남자들이 한 목소리로 대답했다.

"그래요. 매력적인 타입의 여자를 싫어하는 남자는 별로 없어요. 그런데 문제는 '매력적인 여자' 라는 말은 너무 추상적이고 포괄적이라는 거에요. 그래서 여러분들이 이해할 수 있도록 풀어서 설명해 볼게요. 사람들은 대부분 '매력적이다' 라고 하면 '얼굴이나 몸이 예쁘다' 라고 생각해요. '매력=외모' 라고 생각한다는 거죠. 어때요? 이런 생각이 맞는 것일까요? 종신 형제는 어떻게 생각해요?"

질문을 받은 종신은 당황한 표정으로 대답했다.

"저도 지금까지 매력과 외모가 같은 것인 줄 알았습니다."

박 목사는 고개를 끄덕였다.

"사람들이 매력과 외모를 동일 시 하는 건 100% 틀린 생각은 아닙니다. 하지만 정답도 아니에요. 왜 그럴까요? '외모=매력' 이 아니라 '외모

〈 매력'이거든요. 외모와 매력이 동급이 아니라 외모는 매력의 일부분이란 겁니다. 매력을 한자로 보면, 매혹할 매(魅), 힘 력(力)자를 써요. 즉 매력의 바른 의미는 '사람의 마음을 사로잡아 끄는 힘'입니다. 매력이 어떤 뜻이라구요?"

"사람의 마음을 사로잡아 끄는 힘이요!"

"맞아요. 그러니까 '매력적이다' 라는 말은 '사람의 마음을 사로잡아 끄는 힘이 있다.' 라고 표현하는 게 더 정확해요. 사람의 마음을 사로잡는 힘은 외모를 통해서만 나오나요? 그렇지 않죠. 내면을 통해서도 나와요. 따라서 매력은 외적인 매력과 내적인 매력으로 나눌 수 있다는 거죠. 그렇다면 둘 중 어떤 매력이 더 가치가 있을까요?"

그때 규태가 말했다.

"목사님! 둘 다 똑같은 가치가 있는 것이 아닐까요? 제 생각에는 우열을 가리기가 어렵다고 생각되는데요?"

"좋은 지적이에요. 많은 사람들이 그렇게 생각해요. 하지만 저는 둘의 가치는 분명히 다르고 우열도 가릴 수 있다고 생각해요. 일단 제 말을 들어보고 판단은 나중에 해보세요. 그럼 제가 질문할 테니 마음속으로 답변해보세요. 시간이 지나면 변질되는 A라는 매력과 아무리 오랜 시간이 지나도 변질되지 않는 B라는 매력이 있다면 여러분은 어떤 매력을 선택하시겠어요?"

박 목사는 사람들의 얼굴을 주시했다.

"물어보나 마나 당연히 B라는 매력을 선택할 겁니다. 왜요? 시간이 지나도 변하지 않는 매력이 더 가치가 있다고 생각하기 때문이죠. 그런 측면에서 여러분 같은 청춘남녀들이 꽤 중요하게 생각하는 외모는 시간이 지나면 금방 변질되는 매력입니다. 유효 기간이 짧잖아요. 여자에 대해 잘 모르는, 이 자리에 앉아계신 남자들을 위해서 여자들의 비밀 아닌 비밀을 하나 공개할게요.

생리학적으로 여자의 노화는 몇 살부터 진행될까요?"

"서른 살 아닙니까?"

짧은 머리에 샤프한 이미지를 가진 용하의 자신 있는 대답이었다.

"용하 형제! 역시 여자를 잘 모르는군요. 조금만 나이를 낮춰 봐요."

"그럼, 스물다섯?"

"그것도 많아. 조금만 더요."

"혹시… 스물인가요?"

"이제야 맞췄어요. 생리학적으로 여자의 노화는 평균적으로 스무 살 때부터 시작된답니다. 십대 후반부터 진행된다는 의견도 있어요. 내 말이 아니고 과학자들 말이 그래요. 몸의 기능이나 피부 같은 것들은 스무 살이 절정이라는 거죠. 그 다음부터는 시간이 지날수록 노화가 진행된대요. 남자들은 여자들이 이십대 중·후반까지는 무조건 팽팽한 줄 아는데 말이죠."

"목사님! 저 충격 받았습니다."

용하가 뒷목을 잡고 뒤로 넘어가는 시늉을 하자 남자들이 재미있다는 듯 웃었다.

박 목사도 웃으며 말했다.

"충격 받게 해서 미안해요. 제가 경험한 얘기 하나 해 드릴게요. 제가 학생 때부터 다니던 母교회에 1년 후배인 여동생이 있었어요. 그런데 얼굴이 정말 눈부실 만큼 예뻤답니다. 얼굴에서 빛(?)이 날 정도였으니까요. 그 애가 길을 가면 지나가던 남자들이 그냥 못 지나갔어요. 한 번씩은 돌아서서 다시 쳐다보고 갈 정도로 예뻤어요. 여러분들은 혹시 주변에서 이런 미모를 가진 사람을 본적이 있나요?"

주영이 대답했다.

"목사님! 저는 텔레비전에서 나오는 김태희 같은 연예인들 말고는 주변에서 한 명도 못 봤는데요."

박 목사는 웃으며 말했다.

"뭐, 대부분이 그럴 겁니다. 어쨌든 나를 비롯해서 우리 동기들은 그 여동생의 미모는 절대로 안 변할 줄로 알았어요. 대학을 졸업하고 저는 다른 교회 전도사로 사역을 시작했습니다. 그러다가 결혼하고 나서 제 나이 서른네 살 무렵 母교회에서 사역을 하게 됐어요. 물론 자체발광 미모를 지녔던 여동생도 결혼해서 아이도 낳고 계속 母교회에 다니고 있었구요. 7,8년 만에 그 동생을 본 저는 깜짝 놀랐어요. 절대로 변할 것 같지 않던 미모를 가지고 있던 여동생이 다른 아줌마들과 별로 다를 바 없는 평범한 아줌마가 되어 있었거든요. 어렸을 때는 사람들 속에서 튀는 미모였는데 나이를 먹고 나니 하나도 튀지 않는 평범한 외모로 바뀌더라는 겁니다. 여러분, 잘 들으세요. 절대 동안이나 엄청난 돈을 들여 얼굴 관리하는 소수의 연예인이 아닌 이상 삼십대, 사십대, 오십대를 지나면서도 아름다움을 유지할 사람들은 없어요. 외적인 매력은 이처럼 유효기간도 짧고 반드시 변한다는 것입니다."

사람들은 진지한 자세로 박 목사의 강의를 경청했다.

"반면에 내적인 매력은 아무리 오랜 시간이 지나도 변질되지 않아요. 오히려 시간이 지나면 지날수록 더 성숙해지고 멋있어집니다. 그래서 소중해요. 또 이런 내적인 매력은 사람마다 다 달라요. 마치 그 사람의 지문처럼 말이죠. 따라서 남녀를 막론하고 각자 자신의 매력이 무엇인지 파악하고 그것을 더 발전시켜 나가야 합니다. 그러면 내적인 매력은 어떤 것들이 있을까요? 솔로 형제! 어떻게 생각해요?"

솔로가 대답했다.

"혹시 타고난 성격 같은 것이 아닐까요?"

박 목사가 웃으며 말했다.

"맞아요. 타고난 성품이나 기질, 그 사람만이 가지고 있는 독특한 분위기 같은 것들이겠죠. 제가 아내와 연애를 시작할 때 느낀 것이 있었어요. 아내에게 매력이 있었어요. 크게 두 가지 매력이 있었는데 첫째는 착했어요. 자기가 손해를 보더라도 다른 사람을 도와주려는 마음이 있더라구요. 저는 손해보고는 못사는 정반대 성격이거든요. 아내의 착한 성품이 매력적으로 느껴졌어요. 둘째는 밝은 성품이었어요. 별로 웃기지도 않는데 내가 무슨 말만 하면 '까르르' 웃는 그 모습이 너무 사랑스럽더라구요. 제가 힘들고 지쳐 있을 때도 아내를 만나 얘기하면 힘이 났어요. 아내의 밝은 성품과 웃음은 다운됐던 제 마음에 생기를 가져다 줬죠. 아내의 이런 매력들을 보고 결혼해야겠다는 생각을 하게 됐어요. 이렇게 매력적인 여자와 결혼하면 건강한 가정을 만들 수 있겠다는 생각이 들었기 때문이죠. 여기 있는 남자분들, 제가 부러운가요?"

"목사님! 정말 부럽습니다!"

종신이 정말 부럽다는 표정으로 말하자 사람들은 재미있어했다.

"너무 부러워할 것 없어요. 여러분들도 저처럼 매력적인 사람만나 결혼하면 되니까요. 여하튼 사람들은 각자 자신만의 매력이 있습니다. 어떤 여자는 '애교'라는 매력이 있습니다. 또 어떤 여자는 남자의 말을 잘 경청하는 매력을 가지고 있구요. 또 남자를 잘 챙겨주고 섬겨주는 매력도 있습니다. 책임감 있는 성실한 모습도 매력적이구요. 잠언 31장 10절에 보면 이렇게 나와 있습니다. 같이 읽어볼까요?"

"누가 현숙한 여인을 찾아 얻겠느냐 그의 값은 진주보다 더 하니라"

"그렇습니다. 여기서 '현숙함'이 외적 매력이겠어요? 당연히 내적 매력을 말합니다. 그런 여인은 진주보다 더 값진 소중한 존재라고 성경은 분명히 증거하고 있죠. 연애할 때야 얼굴 예쁘고 섹시한 여자가 마음에 끌릴지 몰라도 결혼할 때는 내적 매력이 많은 여자를 더 선호하는 게 남자라는 사실, 오늘 이 강의 듣는 자매님들은 잘 기억하시기 바래요."

여자들이 고개를 끄덕였다.

"이번에는 '매력적인 여자' 두 번째입니다. 따라합시다. 남자는 곰이 아니라 여우 같은 여자를 좋아한다."

"남자는 곰이 아니라 여우 같은 여자를 좋아한다!"

"남자(늑대)들이 좋아하는 타입은 '곰' 같은 여자가 아니라 '여우' 같은 여자입니다. 먼저 곰 같은 여자와 여우 같은 여자의 정의를 내려야 할 것 같습니다. '곰' 같은 여자는 한 마디로 말하자면 센스 없는 여자, 고지식한 여자를 가리킵니다. 조금 감이 오세요?"

정하가 웃으며 말했다.

"네. 대충 어떤 의미로 말씀하시는 건지 알겠어요."

"좋습니다. 좀 더 부연설명을 해볼게요. 곰 같은 여자는 둔한 여자입니다. 남자가 나를 어떻게 생각하고, 느끼고, 바라보고 있을지에 대한 느낌 또는 감각이 별로 없습니다. 그리고 자기 자신을 어떻게 표현해야 하는지에 대해서도 무지(?)한 편입니다. 이런 여자들은 대부분 옷차림이나 헤어 스타일을 꾸미는 일에 대해서도 별로 관심이 없습니다. '예쁜' 옷보다는 '편한' 옷을 입고 싶어하는 거죠. 그래서 곰 같은 여자들은 직장 생활할 때는 물론이고 결혼에 골인할 가능성이 있는 남자들과 함께하는 모임에도 유행과는 전혀 상관없는 수수한 옷차림, 단조로운 헤어스타일, 노 메이크 업에 가까운 얼굴로 나가는 경우가 많습니다. 대화를 나눌 때는 어떤 모습일까요? 남들 웃을 때 잘 웃지도 않습니다. 반응도 별로 없구요. 남자가 묻는 말에만, 그것도 '네! 아니오!' 처럼 단답형으로 대답합니다. 속 터지는 일이죠. 함께 있을 때 분위기를 업시키는 여자가 아니라 다운시키는 여자가 바로 '곰' 같은 타입의 여자라는 겁니다. 혹시 주변에서 곰 같은 여자를 만나보신 분 있나요?"

"목사님! 저희 사무실에 곰 한 마리 같이 근무하고 있습니다."

"하하하"

규태의 말에 사람들이 박장대소했다.

"규태 형제! 안타깝네요. 그래도 그분께 잘 대해주세요. 반면에 여우 같은 여자는 한 마디로 말하자면 센스 있는 여자를 의미합니다. 눈치가 있습니다. 그래서 상대방이 자기에 대해서 어떤 감정을 가지고 있는지 본능적으로 압니다. 남자들과 함께하는 모임에 나갈 때는 어떻게 하면 자신의 여성적인 매력을 보여 줄 수 있는지에 대해서도 알구요. 메이크업이나 패션에도 신경을 씁니다. 모임에 나가서는 대화도 잘 합니다. 상대방의 말이 그리 재미있지 않아도 잘 웃습니다. 또 리액션이 좋아요. 그 사람 하나만 있으면 다운됐던 분위기도 금방 살아납니다. 여기에서 여러분들이 알아야 할 사실이 있습니다. 생긴 것이 중요하지 않다는 겁니다. 아무리 예뻐도 곰 같은 여자는 인기가 없습니다. 처음에 인물 때문에 남자가 다가갈 수는 있겠지만 금방 아니다 싶은 느낌을 갖게 합니다. 반면에 평범한 얼굴이라도 여우 같은 여자는 인기가 많습니다. 자! 우리 모임에는 곰 같은 여자들이 많은지, 아니면 여우 같은 여자들이 많은지 한번 옆 사람을 쳐다보세요!"

옆 사람을 쳐다보라는 박 목사의 말에 사람들은 '킥킥' 거릴 뿐 쑥스러워서인지 그대로 앞만 보고 있었다.

"왜들 그렇게 쑥스러워하세요?"

박 목사는 장난스럽게 웃으며 말했다.

"우리 모임에는 여우 같은 여자들이 많다고 그렇게 그냥 믿고 싶어요. 그건 그렇구요. 남자 입장에서 생각해 볼까요? 어떤 타입의 여자와 사귀고 싶겠어요? 두 말하면 잔소리입니다. 곰 같은 여자랑은 사귀고 싶지도 않겠지만 혹 사귄다 할지라도 마음이 흡족하지 않아요. 주변에 여우 같은 여자들을 보며 비교하기도 하구요. 그러다 보면 만남을 후회하기도 합니다. 반면에 여우 같은 여자랑 사귀는 남자는 자기가 행운을 얻었다고 생각합니다. 너무나도 소중한 명품을 생각보다 아주 저렴한 가격에 구입한 사람처럼 기뻐하고 흡족해 합니다. 이 모임에 참석한 자매님들! 좋은 남자 만나 결혼에 골인하고 싶으시죠? 그렇다면 여우 같은 감각을 갖고 자신을 아름답고 여성적으로 표현해낼 수 있도록 배우고 훈련받아야 합니다. 외면적인 것뿐만 아니라 내면적인 것도 말이죠. 기억하세요! 남자들은 곰 같은 여자가 아니라 여우 같은 여자를 좋아한다는 사실을 말이죠.”

그때 현란이 손을 들고 질문했다.
“목사님! 궁금한 게 있는데 질문해도 되나요?”
“물론이죠. 언제든 어떤 내용이든 질문은 가능합니다. 뭐가 궁금한데요?”
“목사님께서는 곰이 아니라 여우 같은 여자가 되라고 말씀하셨잖아요. 그런데 저 같은 사람들은 자기가 곰 같은 타입인지 아니면 여우 같은 타입인지 잘 모르겠거든요. 그럴 때는 어떻게 해야죠?”
현란의 질문에 몇 명의 자매들이 공감한다는 듯 고개를 끄덕였다.
“아주 좋은 질문입니다. 스스로 주제 파악이 되면 제일 좋겠지만 그게 안 되는 사람들이 더 많습니다. 그럴 때는 자신을 객관적으로 봐줄 수 있는 안목을 갖춘 사람을 찾아가서 물어보면 됩니다. 이성이든 동성이든 상관없습니다. 친구들도 좋고 직장 동료나 선후배도 좋습니다. 같은 교회 다니는 청년도 괜찮구요. 다만 질문하는 사람에 대해 잘 알고 또 솔직하고

연애달인되다

객관적으로 평가해 줄 수 있는 사람이어야 합니다. 그게 어려우면 저에게 와도 좋아요. 제가 솔직하게 어떤 타입인지를 알려드릴 테니까요."

종신이 말했다.

"목사님! 남자들도 찾아갈 수 있습니까?"

"물론 남자들도 찾아올 수 있습니다. 남자들도 객관적인 평가를 받고 단점을 고쳐나가야 매력적으로 바뀔 수 있을 테니까요. 자! '매력적인 여자' 세 번째입니다. 따라해 보실까요? 남자는 능동적인 여자를 좋아한다."

"남자는 능동적인 여자를 좋아한다!"

"모두는 아닐지라도 다수가 가지고 있는 잘못된 고정관념이 있습니다. 바로 '여성스러움'에 관한 것입니다. 제가 아까도 강의 중에 '매력=외모'라고 생각하는 건 폭좁은 생각이라고 말씀드린 거 기억하시죠? 그런 게 하나 더 있습니다. '여성스러움=수동적(소극적)'이라는 생각입니다. 21세기를 살아가고 있는 많은 사람들이 여전히 여자가 적극적인 모습을 보이면 '설친다' '드세다' '기가 세다'라고 표현하면서 못마땅해 합니다. 놀라운 일입니다. 이런 생각은 이성 교제를 할 때에도 영향을 줍니다. 여성스러움과 수동적인 모습을 동일시하는 거죠. 그래서 연애할 때는 남자가 주도해야 한다고 생각합니다. 그리고 대시는 남자가 하고 여자는 대시를 받는 게 맞다고 생각하구요. 솔로 형제는 제가 한 말에 대해서 어떻게 생각하세요?"

박 목사가 솔로를 보며 물었다.

"남자가 대시를 하고, 여자가 대시를 받는 게 '맞다'는 건 잘못된 것 같습니다. '자연스럽다'라고 표현하면 몰라두요."

솔로는 침착하고 조리 있게 대답했다.

"와~ 정말 내 마음에 쏙 드는 대답이었어요. 맞아요. 대시는 꼭 남자가 해야 한다는 법이 어디 있어요? 헌법에 규정되어 있나요? 그렇지 않아요. 대부분 남자가 먼저 대시하기 때문에 여자가 대시하는 모습이 자연스럽거나 익숙하지 않을 뿐이지 틀린 행동은 아니거든요. 데이트를 할 때도 마찬가지에요. 어디서 만나 뭘 먹고, 영화는 어떤 것을 봐야할지 같은 계획은 주로 누가 세워요? 주영 형제! 누가 세워요?"

"주로 남자가 세웁니다."

"왜 주로 남자가 세울까요?"

주영이 어렵다는 표정을 지으며 대답했다.

"글쎄요. 당연한 일이라고 생각해 본적은 있어도 왜 그렇게 하는지 생각해 본적이 없는데요?"

박 목사는 앉은 사람들을 향해 바라보며 말했다.

"적극적으로 행동하는 것이 남자가 마땅히 해야 할 행동이라는 고정 관념 때문에 그래요. 물론 이런 준비를 남자가 주도하면 리더십도 있어 보이고, 남자답다고 느끼게 만들기 때문에 여자의 신뢰감을 얻을 수 있는 건 사실입니다. 예를 들어 이성 교제를 시작했는데 여자에게 '모든 것을 결정해라, 난 그냥 따라갈 테니'라고 말하는 남자를 만난다면 여자 입장에서는 심히 피곤한 일이니까요."

여자들이 많이 앉아 있는 쪽을 보며 박 목사는 말을 이어나갔다.

가슴으로 연애달인되다

"그런데 여자들도 알아야 할 사실이 있어요. 남자라고 해서 늘 자기가 주도하고 싶어하는 건 아니라는 거죠. 무슨 뜻일까요? 때로는 남자들도 여자의 리드를 받고 싶어합니다. 능동적이고 적극적인 모습을 환영합니다. 요즘은 세상도 많이 바뀌었고 사고방식도 많이 바뀌었잖아요. 항상 남자가 여자를 리드해야 한다는 생각은 버리세요. 여자도 남자를 리드할 줄 아는 것이 미덕인 세상이 됐어요. 명진 자매는 어떻게 생각해요?"

박 목사의 질문에 명진이 대답했다.

"저도 목사님 생각과 비슷해요."

"다행입니다. 여자분들은 잘 들으세요. 나중에 데이트를 시작하게 될 때 늘 남자에게만 데이트 스케줄을 짜게 하지 마세요. 두세 번에 한 번 정도는 여자가 그날의 데이트 스케줄을 짜서 리드 하세요. 어떤 장소에서 만날지, 밥은 뭘 먹을지, 식사를 마치고 나면 어떤 곳에 가야 멋진 추억을 만들 수 있을지를 여자가 먼저 생각하는 겁니다. 그런다고 해서 남자들이 '이 여자가 왜 이래?' 라고 생각하지 않아요. 만약 그렇게 생각하는 놈(?) 이 있으면 만나지 마세요. 나중에 피곤해져요."

그러자 도희가 말했다.

"목사님! 스케줄은 제가 다 짤 테니 데이트할 남자만 있었으면 좋겠어요."

"하하하~"

도희의 유머러스한 말에 사람들이 다 뒤집어졌다.

박 목사도 한껏 웃으며 강의를 이어나갔다.

"도희 자매의 말에 웃어야 할지 울어야 할지 모르겠네요. 어쨌든 어서 좋은 짝이 생기길 바래요. 자! 이렇게 여자의 능동적이고 적극적인 모습은 남자에게 있어서 신선한 자극이 될 수 있어요. 다람쥐 쳇바퀴 돌듯 하는 똑같은 틀에서 벗어나 남자에게 일상의 활력소가 될 새로운 경험과 다양한 활동을 제공해 주세요. 그러면 자기생각을 당당하게 표현할 줄 아는 여자가 더 예뻐 보입니다. 신뢰도 가구요. '수동적인 모습'이 미덕이라는 조선시대의 고리타분한 생각 같은 건 광안리 바닷가로 가서 멀리 던져버리세요. 아셨죠?"

"네!"

"'매력적인 여자' 네 번째 이야기입니다. 따라해 보세요. 남자는 잘 웃고 쾌활한 여자를 좋아한다."

"남자는 잘 웃고 쾌활한 여자를 좋아한다!"

박 목사는 여자들을 보며 말했다.

"호감 가는 남자들의 마음을 얻기 원하세요? 사랑 받고 싶으신가요? 그렇다면 제가 아주 쉬운 비결을 하나 알려 드릴게요. 듣고 바로 실천해 보세요. 틀림없이 탁월한 효과가 있다는 걸 금방 깨달을 수 있을 겁니다. 그 비결은 바로 잘 웃어주는 겁니다. 너무 쉽죠? 물론 웃는 일에 익숙하지 않은 분에겐 너무 어려운 일일수도 있겠지만요."

박 목사는 남자들을 향해 물었다.

"남자들이 다가가기 어려운 여자들이 있습니다. 어떤 타입의 여자일까요? 용하 형제! 한 번 말해 보세요."

"미인에게는 다가가기가 어렵습니다."

용하가 굵고 힘찬 목소리로 대답했다.

"그래요. 물론 미인에게 다가가는 것도 쉽진 않죠. 큰 용기가 필요하니까요. 하지만 미인보다 더 다가가기 어려운 대상이 있습니다. 바로 딱딱하게 굳어있는 표정을 짓고 있는 여자입니다. 이런 유형의 여자들은 아무리 얼굴이 예쁘고, 세련된 패션 감각을 가지고 있다 해도 남자들이 다가가기 어렵습니다. 아니, 솔직히 말해서 별로 다가가고 싶지 않습니다. 이런 여자의 특징 몇 가지가 있습니다. 첫째, 남자가 먼저 인사하기 전에는 절대로 먼저 인사하지 않습니다. 둘째, 인사를 받고 나서도 미소는커녕 새침데기 같은 표정으로 마지못해 인사받는 시늉을 합니다. 이런 모습을 옆에서 보면 정말 꼴불견입니다. 때로는 꼴불견이다 못해 달려가서 꿀밤을 한 대 쥐어박고 싶을 때도 있습니다. 물론 아주 살짝이지만요. 끝으로, 누가 재밌는 얘기를 하면 남들은 다 웃는데 오랜 수련(?)을 통해 단련한, 자기 혼자만 웃지 않는 '무표정 신공(?)'을 구사하기도 합니다."

"큭큭큭"

남자들이 소리 죽여 가며 웃었다.

"아무리 얼굴이 예쁘고, 옷을 세련되게 입어도 그런 여자에게 다가가고 싶어하는 남자들은 별로 없습니다. 왜냐하면 남자들은 편하고 밝은 느낌을 주는 이성을 좋아하기 마련입니다. 남자만 그래요? 아닙니다. 여자도 마찬가지로 밝은 사람 좋아해요. 부정적인 에너지는 피하고 긍정적인 에너지를 받고 싶어 하는 건 모든 사람 안에 내재되어 있는 본능이니까요. 예전에 사역하던 교회에 지극히 평범한 외모를 가진 자매가 있었습니다. 아니, 솔직히 말하면 평균치보다 쬐금 더 못생겼습니다. 한마디로 외모만

놓고 보자면 별로였죠. 그런데 놀라운 사실은 이 자매가 같은 청년부 형제들에게 인기가 많았다는 겁니다. 솔로 형제! 어떻게 된 일일까요?"

솔로가 말했다.

"성격이 아주 밝고 적극적이었나요?"

"맞아요. 성격이 밝고 적극적이었을 뿐만 아니라 다른 사람의 말에 잘 반응해 주었습니다. 그 자매는 임원도 아니었는데 청년부 모임을 시작하기 전에 미리 나가서 기다리고 있다가 사람들이 오면 남녀 구분하지 않고 먼저 다가가 인사를 했답니다. 또 누군가 그다지 웃기지 않는 유머라도 던지면 다른 사람들은 썰렁하다고 핀잔을 주는데, 그 자매만큼은 환한 웃음으로 반응해 주었습니다. 시간이 지나면서 사람들은 그 자매의 내면에 숨겨져 있는 건강한 매력을 발견하기 시작했죠. 그리고 그런 밝은 성품이 평균보다 떨어지는 외모를 충분히 커버하고도 남는다는 사실도 알게 됐구요. 그래서 그 교회 청년부에서는 많은 사람들이 그 자매와 함께하는 것을 좋아했습니다. 한마디로 분위기 메이커였으니까요. 그런 자매의 모습을 눈여겨보고 있던 형제가 있었습니다. 믿음도 직장도 괜찮은 그 형제의 프러포즈를 받고 자매는 결혼해서 행복하게 잘 살고 있습니다. 질문 하나 하도록 하겠습니다. 누가 잘 웃을 수 있습니까? 자매들에게 한번 물어볼까요? 도희 자매?"

도희가 말했다.

"글쎄요? 외향적인 성격의 소유자?"

"외향적인 성격을 가진 사람이 잘 웃을 확률은 내성적인 사람에 비해 높기는 하겠죠. 하지만 정답은 아닙니다. 그럼 어떤 사람이 잘 웃을 수 있느냐? 바로 내면이 건강한 사람입니다. 내면이 어둡고 병든 사람은 웃을 수 없습니다. 아무리 외향적인 성격이라도 말이죠. 웃음이 나와야 웃지요. 반면에 내면이 밝고 건강한 사람은 잘 웃습니다. 그리고 삶 자체가 유쾌합니다. 그런 까닭에 사회생활을 하면서 지치고 힘겨워하는 남자들은 '산소' 같은 힘을 주는 그런 여자를 만나고 싶어합니다. 이 강의를 듣고 있는 자매들께 부탁합니다. 잘 웃고, 쾌활한 삶을 살도록 노력하세요. 내면을 건강하게 지켜 나가세요. 그러면 여러분은 더욱 매력적이 될 것이고, 멋진 남자의 프러포즈도 곧(?) 받게 될 겁니다. 동의하십니까?"

"네!"

사람들은 큰 목소리로 대답했다.

"그러면 이번에는 레크리에이션 시간을 갖도록 하겠습니다. 외로운 청춘남녀들의 스킨십(?)이 시작됩니다. 기대하세요!"

박 목사의 지시에 따라 테이블과 의자를 뒤로 밀어내고 사람들이 한가운데로 모두 모였다.

사랑의 팁 하나

사랑은 다른 사람 앞에서 둘만 알고 있는 단점(실수)을 공개하지 않는 것입니다.

연애를 오래 한다든지, 아니면 결혼생활을 오래 하다보면
상대방의 장점뿐만 아니라 단점도 많이 발견하게 됩니다.

그런데 그 단점은 다른 사람은 알 수 없는, 연인이거나 배우자인 나만 알 수 있는 두 사람만의 은밀한 비밀인 것들일 때가 있습니다.

문제는 두 사람만이 아는 단점이 있다는 사실이 아닙니다. 둘만 알고 있는 상대방의 약점을(비록 치명적인 것은 아닐지라도) 다른 사람들에게 떠들어대는 행동이 문제라는 것입니다.

그 이유는 여러 가지입니다.

평소에 상대방에 대해 서운했던 마음이 있었는데 나만 알고 있는 그 사람만의 숨어있는 단점을 다른 사람에게 폭로(?)함으로 스트레스를 풀려는 의도도 있습니다.

또 악의는 없는데 단지 분위기를 재미있게 하기 위해서 상대방의

약점을 들추어내는 사람도 있습니다.

　하지만 중요한 사실이 있습니다. 어떤 경우라도 둘만 아는 상대방의 약점을 다른 사람에게 들추어내는 것은 지혜롭지 못한 일이라는 겁니다.

　왜냐하면 그 일로 인해 그 약점이 다른 사람 앞에 공개적으로 드러난 연인 또는 배우자는 생각했던 것 이상으로 깊은 상처를 받을 수 있기 때문입니다. 약점을 공개적으로 드러내는 행위는 둘 사이에 있던 신뢰를 무너뜨리게 됩니다. 신뢰가 무너지면 사랑도 무너질 수 있습니다.

　사람들 앞에서 드러내도 괜찮은 것과 드러내서는 안 될 것이 무엇인지를 파악하는 지혜를 가지세요.

　그리고 상대방을 정말 사랑한다면 장난으로라도 둘만 알고 있는, 드러내서는 안 되는 단점(실수)을 공개하지 마세요. 그것이 진정한 사랑이니까요.

4화
정하에게 마음이 가다

박 목사는 레크리에이션 1급 자격증도 있다고 했다. 그래서였을까? 게임들은 아주 단순했지만 재미있었다. 먼저 짝짓기를 했다. 둥글게 손을 잡고 돌다가 사회자가 숫자를 외치면 3초 안에 짝을 맞춰 자리에 앉고, 짝을 맞추지 못한 사람들은 머리카락을 고무줄로 묶는 벌칙을 받았다. 처음엔 유치한 게임이라고 생각했었는데 하다 보니 긴장감과 재미가 느껴졌다. 처음엔 쑥스러워서 누가 나 좀 안 데리고 가나 어슬렁거리다가 벌칙으로 고무줄 두세 개를 머리에 묶고 나니 적극적으로 변해갔다. "남자 둘, 여자 둘" 이런 사회자의 지시가 떨어지면 정신없이 옆에 있는 자매 손을 잡아끌어 짝을 맞췄다. 그러면서 자연스러운 스킨십을 할 수 있었다.

레크리에이션에 심취되어 있던 솔로는 어떤 게임을 하느냐 하는 것보다 게임 진행을 누가 하고 어떤 사람들과 함께하느냐가 더 중요하다는 사실을 깨달았다.

그 다음에는 싸인 받기 게임이었다. 스무 가지 질문이 적혀 있는 종이를 한 장씩 가지고 이성과 만나는 게임이었는데 만나면 먼저 악수하며 통성명을 해야 했다. 그 다음엔 가위 바위 보를 한 다음 이긴 사람에게 질문할 수 있는 기회가 주어졌다. 질문은 한 번만 허용됐고 한 번 만난 사람은 또 만날 수 없었다. 이렇게 해서 제한 시간 10분 이내에 가장 많은 싸인을 받은 사람이 우승하는 게임이었다.

솔로는 이 게임을 하면서 열 명 중에서 여덟 명의 자매를 만나볼 수 있었다. 그 중 괜찮다 싶은 몇 명의 자매들이 눈에 들어왔다. 그중에서 가장 관심이 가는 한 사람이 있었는데 그 이름은 '정하'였다. 먼 데 있지 않았다. 바로 같은 테이블에 앉아 있었다. '이정하'.

첫 강의 시간부터 정하의 모습을 보는 순간, 왠지 모르게 계속해서 신경이 쓰였다.

정하는 활발하면서도 차분한 여성미를 가지고 있었다. 긍정적인 에너지를 품고 있는 것처럼 느껴졌다. 무엇보다 가장 마음에 들었던 건 숱이 많은 긴 생머리와 활짝 웃을 때 드러나는 하얗고 가지런한 치아였다. 솔로는 정하의 나이가 몇 살인지, 어떤 일을 하는지 알 수 없었다. 하지만 기회가 되는 대로 조금씩 알아가고 싶다는 마음이 들었다. 이렇게 웃고 떠들고 몸을 부딪히면서 친해졌다. 사람들의 얼굴은 붉게 상기되었다.

레크리에이션 후에 기도회를 했다. 은혜로운 시간이었다. 자리를 정리한 다음 다시 만날 것을 기약하며 헤어졌다. 이렇게 첫 주가 지나갔다.

5화
매력적인 남자

솔로는 모임을 다녀온 후로 생기가 넘쳤다.

그전까지는 머릿속에 회사 업무만 넣고 살았는데 지금은 결남결녀에서 들었던 강의 내용과 사람들이 계속 생각났다. 일주일이 생각보다 더디 갔다. 하지만 시간은 흘러갔고 이번엔 모임 시작 삼십 분 전에 북카페교회에 도착했다.

드디어 두 번째 모임이 시작되었다.

강단에 선 박 목사의 얼굴엔 미소가 가득했다.

"반갑습니다. 일주일 동안 잘 지내셨죠? 결석자가 한 사람도 없는 걸 보니 모임이 마음에 드셨나 봐요?"

"한 주간 이 모임만 눈 빠지게 기다리고 있었습니다!"

종신의 오버액션에 분위기는 한결 부드러워졌다.

"항상 좋은 반응 보여주시는 종신 형제! 감사해요. 제가 기억하고 있을게요. 자! 오늘은 두 번째 시간입니다. 여자의 심리에 대해서 알아볼 텐데요. 여자들은 어떤 타입의 남자를 좋아할까요? 남자분들 잘 들으세요." 박목사는 남자들을 둘러본 후에 말했다.

"첫째, 여자는 자신감 있는 남자를 좋아합니다. 여기서 말하는 '자신감' 이란 '잘난 척' 또는 '교만' 과는 다릅니다. '능력을 바탕으로 자기가 정한 목표는 반드시 이루어 낼 수 있다는 용기' 가 바로 제가 말하고자 하는 자신감입니다."

사람들은 고개를 끄덕였다.

"제가 예전에 결남결녀처럼 남녀 싱글들을 모아 연애와 결혼에 대해서 강의하고 매칭도 시켜주는 모임을 여러 차례 진행한 적이 있었습니다. 그모임에 참석하는 남자들 나이는 주로 삼십대 중반에서 후반이었구요. 그런데 그 모임에 참석한 남자들의 공통점을 발견할 수 있었습니다. 뭘까요? 바로 열에 아홉은 '자신감이 결여' 되어 있었어요. 자신감이 결여된사람은 자기도 모르게 행동으로 드러납니다. 즉 자신감 없는 말투와 목소리, 눈치 보기, 이성에 대해 소극적인 태도, 시선을 마주치지 못하는 모습들로 나타난다는 거죠. 여자들은 이런 남자를 좋아하지 않습니다. 생긴 것도 멀쩡하고, 직장이 안정적이어도 말이죠. 왜 그럴까요?"

박 목사는 사람들을 둘러봤지만 대답하는 사람은 없었다.

"어려운 질문인 것 같네요. 제가 말씀드릴게요. 바로 불안감 때문입니다. 결혼이라는 것은 한 번 선택이 평생을 좌우하는 일입니다. 그렇게 중요한 결혼을 자신감 없는 남자와 해야 한다고 생각하면 왠지 불안합니다.

남편이라는 존재는 가장으로서 아내와 자식들의 방패가 되어야 하거든요. 자신감은 마치 방패의 두께와도 같습니다. 그런데 자신감이 없다는 것은 그 방패 두께가 너무 얇다는 것과 같은 의미이니 어찌 불안하지 않을 수 있겠습니까? 차라리 가진 것이 별로 없고 직장이 평범해도 자신감 있는 남자에게 여자는 끌리기 마련입니다. 그래서 '저 사람이라면 나를 평생 지켜줄 수 있겠다'는 신뢰가 생길 때 여자는 그 남자와의 결혼을 결심하게 됩니다. 여기 앉아 있는 남자들만 대답해 보세요. '나는 한 여자를 충분히 책임질 수 있는 자신감이 있다' 하시는 분들 손들어 보세요!"

남자들은 서로의 얼굴을 멋쩍은 표정으로 쳐다봤지만 손을 들지는 못했다.

박 목사는 잠시 기다리다가 말을 이었다.

"손드신 분이 없는 이유는, 자신감이 없어서가 아니라 겸손한 분들밖에 없어서 그런 줄로 믿겠습니다. 저는 별로 가진 것이 없어도 자신감을 통해 결혼에 성공한 남자들을 여럿 봤습니다. 또 이렇게 강의를 하고 있는 저 또한 그런 경험을 했구요. 제 나이 서른 셋, 아내는 스물여섯이었습니다. 저는 아내와 교제를 시작한 지 3개월 만에 프러포즈를 했습니다. 그리고 5개월 후에 결혼했죠. 그 당시 얘기를 해볼까요? 저는 모아 놓은 돈이 하나도 없었습니다. 게다가 학자금 대출을 받아서 대학원 공부도 해야 했습니다. 또 목사도 아니고 전도사였구요. 나이도 아내보다 일곱 살이나 많았습니다. 이 정도면 객관적으로 결혼하지 말아야 할 기피대상(?) 리스트 1호에 오르는 게 마땅하겠죠? 이렇게 결혼 대상자로 단점 투성이었지만 그래도 딱 하나 장점이 있었습니다. 그게 바로 자신감이었습니다. 어떤 자신감이었을까요? 하나님 아버지께서 나를 크게 사용하실 것이라는 자신감, 어떤 어려움이 닥쳐와도 충분히 이겨나갈 수 있다는 자신감, 나에게 시집오는 사람은 반드시 내가 책임질 수 있다는 그런 자신감 말이죠. 아내는 이런 저의 자신감 있는 모습을 좋게 봤고, 짧은 연애기간이었지만 저와 결혼까지 결심하게 되었습니다. 규태 형제! 어때요? 제 말을 들으니 용기가 좀 생겨요?"

규태가 가슴을 펴며 대답했다.

"용기가 조금 생기는 정도가 아니라 아주 많~~이 생기는데요!"

"그런 말 들으니 저도 좋네요. 이 강의를 듣고 계신 모든 남자들이여! 자신감을 회복하세요. 교만이나 잘난 척이 아니라 무엇이든 해 낼 수 있다는 자신감을 가져보세요. 우리는 능력이 없지만 주님이 능력 주실 테니까요. 마가복음 9장 23절을 같이 읽어볼까요? 시작!!"

"예수께서 이르시되 할 수 있거든이 무슨 말이냐 믿는 자에게는 능히 하지 못할 일이 없느니라 하시니."

"그렇습니다. 우리 안에는 능력이 별로 없어요. 연약한 존재입니다. 내일 일도 모르는 사람들입니다. 하지만 우리는 하나님의 자녀입니다. 주님의 능력을 믿는 사람들입니다. 그런 자들에게 하나님은 함께하십니다. 이 사실을 아는 사람은 어떤 상황에서도 자신감을 잃지 않을 수 있습니다. 아무쪼록 믿음과 자신감을 통해 좋은 배우자를 만나시길 바랍니다!"

"아멘!"

"자! 이번에는 '매력적인 남자' 두 번째입니다. 한번 따라해 볼까요? '여자는 매너 있는 남자를 좋아한다!'"

"여자는 매너 있는 남자를 좋아한다."

"그렇습니다. 여자는 매너 있는 남자를 좋아합니다. 먼저 알고 넘어가야 할 게 있겠죠? '매너가 있다'는 말이 의미하는 건 뭘까요? 누가 대답해 볼까요? 형제들 가운데서 대답해봤으면 좋겠는데."

박 목사가 남자 쪽을 쳐다보며 말끝을 흐렸다.

그때 용하가 대답했다.

"'매너가 있다'는 건 '친절하다'는 의미가 아닐까요?"

"좋은 대답입니다. 매너가 있다는 말은 친절하다는 말과 아주 비슷하죠. 또 다른 분은요?"

생각을 정리하고 있던 솔로가 대답했다.

"매너가 있다는 말은 '배려심이 있다'는 의미도 있을 것 같습니다."

솔로의 말에 박 목사는 엄지손가락을 번쩍 들고 칭찬했다.

"솔로 형제의 대답도 '굿!'입니다. 매너는 '배려심'을 의미하기도 하죠. 자! 여러분들이 말씀하신 것들이 다 맞습니다. 매너 있는 남자는 친절한 남자, 배려심이 있는 남자, 부드러운 남자, 따뜻한 남자를 의미합니다. 대화를 나눌 때, 식사를 할 때, 나보다 먼저 상대방을 배려해야 합니다. 상대방을 배려하기 위해서는 상대방에게 집중해야 합니다. 상대방에게 집중할 때 그 사람의 필요를 읽을 수 있기 때문입니다. 매너는 내가 원하는 대로 상대방에게 행동하는 것이 아닙니다. 진정한 매너는 상대방이 원하는 대로 내가 상대방에게 맞춰주는 겁니다."

박 목사의 강의에 남자들이 더 많은 관심을 보이며 집중하는 모습을 보였다.

"제가 대학교 1학년 때 일이었습니다. 같은 과 동기 중에 여자들에게 인기가 많은 친구가 있었는데요. 같은 또래에게만 인기가 있는 게 아니라 선배 누나들에게도 인기가 많았습니다. 키가 큰 것도, 얼굴이 잘 생긴 것도 아니었는데 여자들에게 인기가 있는 모습을 보니 신기하더라구요. 그래서 어느 날 그 친구의 모습을 유심히 지켜봤습니다. 저는 반나절도 안 되어서 그 이유를 알 수 있었습니다. 여기까지 말하면 여러분들도 눈치 채셨겠죠? 그 여자들의 마음을 얻을 수 있었던 비결이 뭐였을까요?"

주영이 손을 들고 대답했다.

"정답은 '매너' 같습니다!"

"빙고! 주영 형제가 제대로 말해줬어요. 그 친구는 여자가 먼저 문을 열기 전에 먼저 한 발자국 앞서가서 문을 열어줬습니다. 앉으려고 할 때는 의자를 빼 주었구요. 식당에 가서는 제일 먼저 숟가락, 젓가락을 세팅했습니다. 누가 시킨 것도 아니었는데 너무 자연스럽게 그런 행동을 하더라구요. 그런데 여기에서 한 가지 주의할 점이 있습니다."

사람들은 호기심어린 눈으로 박 목사를 쳐다봤다.

"매너 있는 행동, 특히 이성에게 매너 있는 행동은 상대방의 오해를 불러일으킬 수 있다는 거죠. 남자가 매너 있게 행동하면 여자는 속으로 이런 생각을 합니다. '혹시 이 남자가 나를 좋아하나?' 연애를 시작하기 전이라면 큰 문제는 없는데 연애를 시작하고 나서도 다른 여자에게 내 여자 대하듯 똑같이 행동하면 안 됩니다. 무슨 말인가 하면 매너 있는 행동이라도 내 여자에게는 최상으로, 다른 여자에게는 약간 급을 낮춰서 해야 한다는 말입니다. 그렇다고 다른 여자들에게 함부로 대하라는 말이 아니란 건 잘 아시겠죠? 어떤 남자들은 이런 행동을 지혜롭게 하지 못해서 교제하고 있는 상대방의 마음을 상하게 하거나 다른 여자의 마음에 오해를 불러일으키는 모습을 종종 봤습니다. 어쨌든 여자는 매너 있는 남자를 좋아한다는 것을 꼭 기억해두세요. 매너 있는 행동은 상대방에게 관심을 갖고 배려하는 마음에서 생긴다는 것두요."

그때 미호가 말했다.

"목사님! 경상도 남자들은 매너하고는 별로 안 친해요. 그래서 매너 있는 남자 찾기가 쉽지 않은데 어떻게 하죠?"

미호의 말을 듣던 남자들은 멋쩍은 웃음을 지었다.

"그래요. 대한민국 남자들 가운데서 경상도 남자들이 제일 무뚝뚝하다는 말은 익히 들어 알고 있습니다. 그게 사실이라 해도 너무 염려할 것 없어요. 경상도 남자들 가운데서도 크리스천, 특히 이 강의를 함께 듣고 있는 남자들은 분명히 매너 있을 테니까요. 그리고 제 강의를 통해서 없던 매너도 방금 생겼을 겁니다. 그러니 자매들은 먼 데서 짝을 찾으려고 하지 말고 가까운 데서 찾아보세요."

박 목사의 말에 남자들이 일제히 박수를 치며 환호했다.

"자! '매력적인 남자' 세 번째 이야깁니다. 여자는 경청할 줄 아는 남자를 좋아합니다. 여자는 어떤 남자를 좋아 한다구요?"

"경청할 줄 아는 남자를 좋아합니다."

"그래요. 여자는 경청할 줄 아는 남자를 좋아합니다. '경청'은 기울일 경(傾), 들을 청(聽)자를 씁니다. 상대방의 말에 귀를 기울여 듣는 것을 말하죠. 그런데 생각보다 여자의 말을 경청할 줄 아는 남자 찾기가 쉽지 않습니다. 그건 물론 세심하지 못한 남자의 보편적인 기질과도 밀접한 연관이 있습니다만…. 어쨌든 여자의 마음을 얻으려면 경청할 줄 알아야 합니다. 여자는 남자보다 '대화 나누는 행위'를 아주 중요하게 생각하기 때문입니다. 여자는 남자가 자신의 말에 귀를 기울일 때 존중받고 있다고 느낍니다. 물론 더 나아가서는 사랑받고 있다고 느끼기도 하죠. 이런 까닭에 남자들은 여자의 마음을 얻기 위해서라도 경청하는 법을 배워야 합니다. 몇 가지가 있는데 한번 따라해 볼까요? 첫째, 상대방에게 집중하라!"

"집중하라!"

"어떤 사람들은 상대방의 말을 들으면서 머릿속으로는 딴 생각을 하는 경우가 있습니다. 상대방의 말을 들으면서 동시에 자기가 어떤 말을 할지 미리 생각하기도 합니다. 이렇게 상대방에게 집중하지 못하면 경청할 수 없습니다. 경청하지 않으면 행동으로 드러납니다. 경청의 가장 기본은 상대방에게 집중하는 겁니다. 둘째, 상대방이 느낄 수 있도록 반응하라."

"상대방이 느낄 수 있도록 반응하라!"

"반응하라는 말은 상대방의 말을 주의 깊게 듣고 있다는 표현을 하라는 겁니다. 상대방의 말에 대해 내가 할 수 있는 반응은 여러 가지가 있습니다. 어떤 것들이 있을까요? 자매들에게 물어볼까요? 명진 자매!"

잠시 생각하던 명진이 말했다.

"말하는 사람의 눈을 맞추는 건가요?"

"맞아요. 상대방의 눈을 바라봐주는 거, 상당히 중요한 반응입니다. 또 있겠죠? 정하 자매?"

"고개를 끄덕이는 거요?"

"그래요. 상대방이 말을 할 때 적절한 타이밍에 고개를 끄덕이는 것도 좋은 반응입니다. 뿐만 아니라 말로 추임새(?)를 넣는 것도 반응을 보여주는 거죠. 예를 들어 '그렇구나, 그랬어, 맞아 맞아' 같은 거 말이죠. 토크쇼 진행을 잘하는 MC들을 자세히 연구해 보세요. 그들은 말을 많이 하지 않습니다. 상대방의 말을 잘 들어줍니다. 진심으로 공감하고 반응해줘서 게스트가 말을 많이 하게 하는 모습을 발견할 수 있을 겁니다. 이제 마지막 세 번째로 갈게요. 그런데 이번엔 여자들이 좋아하는 남자가 아니라 여자들이 싫어하는 남자입니다. 따라해 볼까요. 셋째, '여자는 쪼잔한 남자를 싫어한다!'"

"여자는 쪼잔한 남자를 싫어한다!"

"'쪼잔하다'는 건 어떤 의미일까요? 말 그대로 속이 좁다는 의미인데 이것을 남자에게 적용하면 사내답지 못하다는 의미로 사용됩니다. 특히 남자들 같은 경우 '괜찮은 男'인줄 알았는데 그의 행동을 관찰하다 보니 '쪼잔한 男'이었음을 발견하게 될 때가 종종 생깁니다. 그렇다면 쪼잔한 남자의 특징은 뭘까요? 이번엔 자매들 중에 한 사람이 대답해보세요."

"구두쇠 같은 남자?"

현란이 대답했다.

"그것도 맞네요. 뭐 한 가지뿐이겠어요? 다양하겠죠. 그렇지만 한 가지로 압축해서 얘기해 보자면 쪼잔남의 특징은 바로 '이기적이고 소심하다' 는 겁니다. 생각하고 행동하는 게 자기 중심적입니다. 다른 사람들이 베푸는 것을 받을 줄은 알지만 자기가 베푸는 일엔 인색합니다. 이런 '쪼잔남' 들은 돈쓰는 씀씀이만 봐도 알 수 있습니다."

박 목사는 강단에서 나와 가운데로 걸어왔다.

"'쪼잔남' 사전에는 '오늘은 내가 쏜다!' 는 말이 없습니다. 예를 들어 여러 사람들과 함께 식사를 하고 나서 절대로 밥값을 '쏘는' 일 같은 거 말이죠. 그럼 쪼잔남들은 어떻게 행동을 할까요? 식사 후에 뒤로 한 발 물러서서 누군가 호기롭게 밥값 계산하기를 조용히 기다릴 뿐입니다. 이런 식으로 안내면 다행이라고 생각하고, 내게 된다 하더라도 정확하게 인원수로 나눠 그 액수만큼만 내려고 하지 몇천 원이라도 더 내지 않습니다. 혹시 여기에 쪼잔남 있으면 자진 신고하세요!"

남자들은 서로의 얼굴을 쳐다봤다.

박 목사는 그들의 표정을 보며 웃었다.

"뭘 봐요. 한 사람도 없겠죠. 예전에 모임을 이끌 때 저녁모임을 고기집에서 한 적이 있었습니다. 남녀 열댓 명 정도가 모였었는데요. 한 테이블에 네 명씩 앉아서 신나게 고기를 구워먹었습니다. 그런데 사람들이 생각보다 많이 먹더라구요. 할 수 없이 비용이 예산을 살짝 초과해서 한 테이블당 1만 원씩 걷게 했습니다. 대부분의 테이블에서 한 사람이 1만 원을 대표로 내더라구요. 물론 남자들이었죠. 그런데 유독 한 테이블에서만 네 사람 각자가 지갑을 꺼내는 것이었습니다. 남자 셋에, 여자 하나가 앉은 테이블이었는데 말이죠. 어찌된 상황인가 가서 물었어요. 그랬더니 그 테이블에 있던 두 명의 쪼잔남들이 넷이서 공평하게 2,500원씩 내자고 제안했다는 거에요. 저는 그 말을 듣고 어이가 없었습니다. 왜냐하면 두 쪼잔남들이 직업이 없어 돈벌이 못하는 것도 아니었거든요. 게다가 그 테이블에서 가장 연장자들이었구요. 인생의 선배들이 되어가지고 십만 원도 아니고 만 원짜리 하나 해결해주지 못하다니…. 하나를 보면 열을 안다고 저는 그 순간 그 쪼잔남들의 실체를 정확하게 알 수 있었습니다. 그 쪼잔남들은 지금 어떻게 됐냐구요? 물론 아직도 장가 못 갔죠. 한동안 가기 힘들 겁니다.”

박 목사는 남자들을 바라보며 말했다.

“물론 그렇다고 해서 분수에 맞지 않게 과시하듯 펑펑 돈을 써대는 남자가 되라는 말은 아닙니다. 남자라도 평소에 불필요한 일엔 지출을 줄이고 아끼는 모습이 바람직한 거니까요. 돈 뿐만이겠습니까? 그렇지 않습니다. 쪼잔한 남자들은 다른 사람들을 위해서 자기의 시간이나 도움을 주는 데도 인색합니다. 이기적인 존재니까요. 이런 쪼잔남하고 결혼해 사는 여자들은 마음고생이 심합니다. 연애할 때야 가끔 보니까 스트레스 받을 일이 적은데 결혼하면 이런 쪼잔한 모습, 이기적인 모습을 옆에서 항상 봐야 하기 때문에 마음이 어려워집니다. 남자의 쪼잔함은 기질의 한 부분이기 때문에 절대로 쉽게 바뀌지 않습니다. 평생 가는 겁니다. 이런 까닭에 남자의 쪼잔함은 오랜 시간 동안 여자의 마음을 어렵게 하고 한편으론 그런 남자를 만난 것을 후회하게 만들기도 합니다. 혹시 자매님들 주변에 쪼잔남 없어요?"

도희가 손을 들며 말했다.

"저희 청년부 순원 중에 쪼잔남 오빠 한 명 있어요."

"아직 장가 못갔죠?"

"네. 앞으로도 쉽진 않을 것 같은데요."

"큭큭큭"

도희의 대답에 사람들이 웃음을 터트렸다.

박 목사의 얼굴에도 웃음이 묻어났다.

"여기 계신 남자분들! 자기 자신을 점검해 보세요. 다른 부분들은 괜찮은데 쪼잔함 때문에 여자들의 인정을 받지 못하고 여전히 세월만 흘려보내고 있지는 않은지. 예수님께서는 '마음과 뜻과 정성을 다해 하나님을 사랑하고, 이웃을 네 몸과 같이 사랑하라'고 말씀하셨습니다. 이 말씀에 의지해서 쪼잔한 남자는 자신의 마음속에 하나님의 사랑을 더 많이 담기위해 기도하며 노력해야 합니다. 하나님의 풍성한 사랑만이 끊임없이 자기중심적으로 생각하고 행동하게 만드는 이기심을 극복할 수 있기 때문입니다. 연애와 결혼을 꿈꾸십니까? 그러면 '쪼잔남'에서 탈출해 '베풀 줄 아는 멋진 남'이 되시길 바랍니다."

사랑의 팁 두울

사랑은 싸우고 나서 잘 화해하는 것입니다.

어떤 사람들은 연애한 지 오래 됐는데 또는 결혼한 지 오래 됐는데 한 번도 싸워본 적이 없다고 얘기합니다. 별로 믿어지지는 않지만요. 어쩌면 '싸운다'의 기준이 남다를 수도 있겠네요.

대부분 저를 비롯한 거의 모든 커플들은 싸움을 합니다. 서로 다른 사람이 만나 함께하는 것이기에 오해할 수 있습니다. 또 가치관의 차이 때문에 자기 의견을 옳다 주장하고 싸우는 것은 어쩌면 인간으로서 너무나도 자연스러운 일이라고 생각합니다.

문제는 '어떻게 싸우느냐'가 아니라 '어떻게 화해하느냐' 하는 겁니다.

서로의 자 잘못을 가리기 어려운 일들이 있습니다. 그런 것은 그냥 덮어둘 필요가 있습니다. 시간이 지나면 해결되니까요. 하지만 어떤 일들은 그냥 넘어가서는 안 될 것들이 있습니다. 그럴 땐 화해해야 합니다. 반드시 말이죠. 그런 중요한 문제를 가지고 싸우고 나서 그 문제를 덮어두고 마치 아무 일도 없었다는 듯이 생활하는 것은 바람직하지 않습니다. 왜냐하면 언젠가는 비슷한 일로 다시 싸울 수 있는 위험이 도사리고 있으니까요.

그럴 땐 싸우고 나서 일단 서로의 감정이 누구러진 다음에 대화해야 합니다.

싸움의 원인이 무엇이고, 서로 어떤 감정을 느꼈으며, 앞으로 동일한 문제가 찾아왔을 때 서로 어떻게 행동할 것인가에 대해서 솔직하게 자기 의견을 말하고 화해를 해야 합니다.

이런 까닭에 지혜롭게 화해하는 것은 아주 중요합니다.

기억하세요, 사랑은 싸우지 않으려고 노력하는 게 아니라 '싸우고 나서 잘 화해하는 것'임을요.

6화

데이트 신청을 하다!

강의가 끝나고 바로 저녁식사가 이어졌다. 후에 소그룹 토의를 하고 조별 미션에 대한 안내 광고가 있었다. 그리고 기도회를 했다. 지난주에는 첫 번째 시간이었기 때문이었을까? 어색한 분위기 때문에 기도회에 몰입하기 어려웠다. 하지만 이번에는 달랐다.

찬양하는 가운데 하나님의 임재가 느껴졌다. 깊은 찬양 속에서 주님은 각 사람들의 마음을 만지셨고, 그렇게 만지심을 경험한 사람들은 눈물을 흘리며 주님을 찬양하고 기도했다.

모인 사람들의 기도와 찬양 속엔 하나님을 향한 갈망과 간절함이 있었다. 솔로 역시 마찬가지였다. 정말 오래간만에 마음을 활짝 열고 기도회에 집중했다. 이따금씩 교회에서 청년부 예배를 마치고 기도할 때도 있었다. 하지만 아무래도 주변 사람들의 시선을 의식하게 되어서인지 형식적으로 기도할 때가 많았다. 그러나 오늘은 달랐다. 상식적으로 생각할 때에는 낯선 이성들이 모여 있는 자리이기에 다른 이의 시선을 더 의식해야 했다. 하지만 놀랍게도 기도하는 동안 아무도 의식되지 않았다. 오직 하나님 한 분께만 마음이 집중되는 게 느껴졌다.

결혼에 대한 부담감과 답답한 마음을 주님은 알고 계셨다. 기도하는 동안 성령님께서는 솔로의 마음을 부드럽게 어루만지셨다. 주님의 만지심이 느껴질 때마다 솔로의 온몸은 마치 전기에 감전된 것처럼 짜릿한 전율이 흘렀다. 그리고 눈물이 흘러내렸다. 한참을 그렇게 울기만 했다. 눈물이 찬양이었고, 찬양이 곧 눈물이었다. 한참을 기도하자 주님께서 마음에 깊은 평안을 주셨다.

'그래. 지금까지 내 인생의 발걸음을 인도하신 하나님께서 왜 앞으로의 인생도 책임져주시지 않겠어?'

이런 깨달음을 얻자 마음 한구석을 짓누르고 있던 무거움은 단박에 사라져버렸다.

기도회를 마치고 모두 함께 자리를 정리한 다음 집으로 돌아왔다. 돌아오는 내내 솔로의 머릿속엔 강의 후에 주어진 조별 미션에 대한 생각으로 가득했다. 조별 미션의 내용은 이랬다. 각 테이블 별로 앉은 사람들이 한 조가 되어 돌아오는 토요일이 되기 전까지 다함께 영화 관람을 하는 것이었다. 그냥 영화 관람만 하면 되는 게 아니라 인증샷을 찍어 싸이월드에 있는 클럽에 후기와 함께 올려야했다. 가장 많은 사람이 참석하고, 후기도 멋지게 쓴 한 조를 선정해서 시상한다는 박 목사의 말에 엉겁결에, 그것도 가위 바위 보로 조장을 맡게 된 솔로의 어깨엔 중압감이 느껴졌다. 반면에 솔로의 내성적인 성격 속엔 경쟁에서 반드시 이겨야 한다는 승부사 기질도 있어 어떻게 해야 1등할 수 있을까를 고심하기 시작했다.

같은 조가 된 종신, 명진, 정하와는 손예진, 이민기 주연의 '오싹한 연애'를 보자고 의견의 통일을 봤다. 영화관은 각자 직장의 중간 지점에 있는 서면 CGV로 결정했다. 문제는 시간이었다. 가능하면 함께 저녁을 먹고 영화를 보려했으나 명진과 종신의 퇴근 시간이 늦었다. 솔로는 그 날만 야근을 안 하면 되었기에 일찍 나가는 데는 아무런 문제가 없었다. 할 수 없이 저녁 식사는 포기하고 영화만 보기로 했다. 날짜는 금요일, 시간은 밤 9시로 정하고 각자 연락처를 공유한 다음 헤어졌다.

주차를 하고 빌라 계단을 하나씩 오르면서 오늘 가졌던 모임을 천천히 떠올렸다. 새로운 사람들을 만난다는 설레임으로 들어가 식사를 하고, 차를 마시고, 레크리에이션을 하고, 강의를 듣고, 기도회를 했다. 방금 전에 일어났던 일이었음에도 불구하고 마치 오래전부터 계속 꾸어왔던 꿈처럼 느껴졌다. 비밀번호를 눌러 현관문이 열리자 거실 안쪽에서는 낑낑대는 소리가 들렸다. 거실 문을 여는 순간 '루키'와 '루루'가 일어서서 두 발을 들고 솔로를 반겼다.

"루키, 루루! 사이좋게 잘 놀고 있었어?"

솔로는 킁킁 거리며 냄새를 맡고 손을 핥기에 여념이 없는 루키와 루루를 양쪽 옆구리에 끼고 방으로 들어갔다.

"기다려! 옷 갈아입고 와서 놀아줄 게."

루키와 루루는 솔로의 말을 알아들었는지, 못 알아들었는지 빨빨거리며 거실과 안방을 부지런히 돌아다니기 시작했다. '루키'는 11개월 된 말티즈고, '루루'는 10개월 된 푸들이다. 서른세 살에 부모님으로부터 독립을 선언한 솔로는 직장 근처에 방을 얻어 자취를 시작했다. 부모님과 사이가 나빠서가 아니었다. 부모님은 함께 있기를 바랐지만 솔로가 독립을 원했다. 먹고 입고 청소하는 일이 다소 불편하더라도 자유를 만끽하다가 결혼해야겠다는 마음에서였다. 예상했던 대로 자취 생활이 만만치는 않았다. 밥 먹는 일이야 아침은 굶고 점심, 저녁은 밖에서 사먹는 것으로 해결했지만 청소와 정리 정돈이 문제였다. 정리한다고 하는데도 언제나 의자 위엔 츄리닝과 티셔츠가 산처럼 쌓여 있었고, 책상 위도 어수선하기 짝이 없었다. 하지만 이런 것보다 더 솔로의 마음을 불편하게 하는 건 채워지지 않는 외로움이었다. 퇴근 후 현관문을 열고 집으로 들어가 컴컴한 거실의 불을 켤 때마다 느껴지는 공허한 어둠이 마치 자기 마음의 빈자리처럼 느껴졌다. 그리고 이 공허함은 영원히 채워지지 않을지도 모른다는 불안감을 가져왔다. 그렇게 시간이 흘러 자취 3년 차가 지나 4년차로 들어서면서 솔로의 마음에 외로움은 더 커져만 갔다.

그러던 어느 날이었다. 애견 샵이 많이 모여 있는 양정 거리를 지나다 유리창 안쪽에 옹기종기 모여 있는 강아지들이 눈에 들어왔다. 너무 귀여웠다. 신기한 일이었다. 그동안 애견 샵 거리를 수도 없이 거닐었지만 단 한 번도 강아지를 의식적으로 바라본 적이 없었기 때문이었다. 솔로는 원래 강아지를 별로 안 좋아했다. 그렇기 때문에 강아지에게 관심 갖는다는 건 상상할 수도 없는 일이었다. 그런 솔로였지만 그날따라 무언가에 홀린

듯 애견샵 문을 열고 들어가서 강아지들을 구경했다. 털이 잘 안 빠지는 종류로 추천해 달라는 솔로의 말에 주인은 푸들과 말티즈를 보여줬다. 주인 설명으로는 털이 가장 안 빠지는 강아지는 푸들이고, 말티즈는 세 번째 정도 한다는 것이었다. 솔로의 눈앞에 놓인 2개월 된 아가 말티즈는 하얀 털로 둘러싸인 살아있는 인형 같았고, 진한 갈색의 토이 푸들은 한 손바닥 위에 올려놓아도 될 만큼 작고 귀여웠다. 둘 다 수컷이었다. 원래는 한 마리만 데려갈 생각이었다. 한 마리도 제대로 키울 수 있을지 자신이 없었다. 그런데 출근 후에 혼자 남겨져 온종일 주인 오기만을 고대하고 있을 강아지를 상상하니 너무 미안했다. 힘들더라도 두 마리를 키워야겠다는 생각이 들었다. 할 수 없이 말티즈와 푸들 두 마리를 데리고 집으로 돌아왔다. 한 달 더 먼저 태어난 말티즈에겐 '루키'라는 이름을 지어줬다. 솔로가 태어나 처음 키우는 강아지였기 때문에 '신인'이라는 의미를 가진 영어 '루키'로 지었다. 푸들은 '루루'라는 이름을 지어줬다.

처음엔 루키와 루루 두 녀석이 싸대는 똥 오줌을 치우는 것만으로도 정신이 없었다. 그뿐 아니었다. 혼자서 두 마리를 목욕시키고 털을 말려주는 일도, 퇴근하고 집에 들어가면 한꺼번에 꼬리를 흔들며 달려드는 녀석들과 놀아주는 것도 결코 만만치 않았다. 하지만 시간이 지나면서 이런 일들에 익숙해지기 시작했다. 점차 감정적인 교감이 이루어졌다. 애완견을 키우면서 생긴 생활의 변화가 있었다. 전에는 퇴근하고 불 꺼진 집에 들어가는 일이 싫었는데 루키와 루루를 키우면서부터는 집에 가는 일이 기다려졌다. 현관문 여는 소리만 나도 '왕!왕!' 거리며 짖고, 문을 열면 꼬리를 정신없이 흔들며 안기는 녀석들 때문이었다. 비록 인간의 말로 대화를 나눌 수는 없지만 바디랭귀지를 통해 솔로와 루키, 루루는 충분한 대화를 나누고 있었다.

루키와 루루에게 간식을 먹인 솔로는 침대 위에 걸터앉아 잠시 생각에 잠겼다. 조별 미션에 대한 생각보다는 모임 시작부터 마칠 때까지 계속 자신의 시선을 끌었던 정하에 대한 생각의 여운이 가시지 않았다. 여성스럽고 차분하게 생긴 이미지와는 달리, 목소리엔 자신감이 묻어 있었고 쾌활하게 웃는 모습에서는 풋풋함이 느껴졌다. 어쩌면 솔로와는 정 반대의 성격인 것 같았다. 조별 미션수행이라는 좋은 기회를 어떻게 해서든 정하와의 만남으로 잘 살려보고 싶었다. 종신과 명진의 늦은 퇴근 때문에 저녁식사를 포기했지만 정하는 저녁 6시에 칼퇴근 할 수 있다고 했다. 그렇다면 7시쯤 만나 정하와 저녁을 먹고 커피를 마시다가 영화를 본다면 어떨까 생각하는 순간 솔로의 심장은 점차 빨리 뛰기 시작했다.

핸드폰을 꺼내들었다. 주소록을 눌러 이름을 검색했다.

'이정하 010-7448-34xx'

번호가 떴지만 솔로는 그 액정화면 속에서 자신을 향해 미소 짓고 있는 정하의 얼굴이 오버랩됐다.

'아!! 왜 이러지? 벌써부터 이러면 안 되잖아, 김솔로! 정신 차려! 아직 시작도 안 했잖아!'

솔로는 혹시나 싶어 카톡을 확인해보니 이미 정하의 이름이 등록되어 있었다.

이름을 누르자 메시지를 쓸 수 있는 공간이 생겼다. 하지만 용기가 나지 않았다. 카톡을 나갔다가 다시 들어가기를 여러 차례 반복했다.

'휴~ 괜히 연락했다가 거절당하면 영화볼 때 분위기만 더 어색할 텐데. 아니, 나 때문에 모임에 아예 안 나오면 어떻게 하지?'

정하와는 두 번밖에 보지 못했고 더더군다나 개인적인 대화는 한 마디도 못한 사이였다. 단 둘이 밥을 먹자는 제안은 데이트 신청인 거고, 그런 데이트 신청은 아무리 쿨하게 생각하려 해도 너무 무모한 일이라는 생각이 들었다. 하지만 결남결녀 모임에서 강의를 듣는 가운데 여자는 자신감 있는 남자를 좋아한다는 메시지가 계속 머릿속을 맴돌았다. 솔로는 자신에게 가장 부족한 것이 자신감 부족이라는 것을 평소에도 늘 인식하고 있었다. 이런 식으로 이성 앞에서 계속 자신감 없이 행동한다면 아무리 좋은 상대를 만나도 결혼은 물 건너가고 말거라는 위기의식이 느껴졌다. 자신감을 가지고 적극적으로 대시해도 밑져야 본전이라는 생각도 들었다. 데이트 신청을 거절당해서 어색한 관계가 된다 하더라도 어차피 이 모임 후에는 안 보면 그만이었으니까. 그런 생각을 하자 솔로의 마음에 용기가 생겼다.

솔로는 카톡으로 들어가 메시지를 전송했다.

'정하 씨, 저 김솔로입니다. 잘 들어가셨나요?^~'

'답문이 올까?'

솔로는 스마트폰에서 눈을 뗄 수 없었다.

5분이 지나고, 10분이 지났다. 답은 오지 않았다. 거절당했다는 생각에 시선을 떼려고 하는 순간 정하로부터 메시지가 도착했다.

'저는 방금 집에 들어왔어요. 솔로 씨도 잘 들어가셨구요?^^'

왠지 출발이 좋았다.

'저는 집이 가까워서 아까 들어왔어요. 오늘 모임 어떠셨어요?'

'처음에는 어색했는데 안 그렇더라구요. 강의도 좋았구요.'

'그러신 것 같았어요. 저도 이 모임에 신청 안했으면 후회했겠다 싶은 마음이 들었어요'

'저두요'

오고 가는 메시지 속에 정하의 따뜻한 목소리가 담겨 있는 것같아 솔로는 신이 났다.

슬슬 본론을 꺼내기 시작했다.

'정하 씨! 이번주 금요일에 조별 미션 있잖아요. 몇 시에 모이기로 했는지 기억하고 계시죠?'

'물론이죠. 밤 9시잖아요.'

액정을 터치하는 솔로의 손놀림이 분주해졌다.

'맞아요. 그런데 원래 제 계획은 제가 조장된 기념으로 저녁을 쏠려고 했거든요. 다른 두 분은 퇴근이 늦어서 어쩔 수 없지만 정하 씨는 6시면 칼퇴근 하신다면서요?'

정하로부터 답이 없었다. 아무래도 솔로가 무슨 말을 하려는지 파악하려고 하는 중인 것 같았다.

이미 활은 시위를 떠났다. 어차피 말을 꺼낸 이상 되돌릴 수도 없는 노릇이었다.

솔로는 바로 메시지를 찍었다.

'오해하지는 마시구요. 시간 되는 유일한 조원인 정하 씨에게라도 저녁을 사드리고 싶다는 마음이 들었어요. 괜찮으시다면 7시에 만나서 같이 저녁 먹어요. 맛있는 거 사드릴게요.'

방금 전까지 이내 오던 답문은 소식이 없었다. 1초가 1분처럼 길게 느껴졌다. 솔로는 괜한 짓을 했다는 생각이 들었다.

'그냥 가만히 있을 걸…'

부담 줘서 미안하다는 메시지를 찍으려는 순간이었다.

그때 정하가 보낸 메시지가 도착했다.

'뭐 사주실 건데요?^^'

'뭘 사줄 거냐' 는 짧은 단문이 이리도 반갑기는 난생처음이었다. 저녁 먹자는 문자를 괜히 보냈다는 자책감은 어느새 자신의 용기 있는(?) 행동에 대한 자부심으로 바뀌어 있었다.

솔로는 서둘러 메시지를 전송했다.

'어떤 음식 좋아하세요? 원하는 건 다 사드릴게요.'

'전 다 잘 먹어요. 메뉴는 솔로 씨가 결정할 수 있게 기회를 드릴게요.'

'알겠습니다. 그러면 7시에 서면에 있는 교보문고 입구에서 만나죠.'

'네. 그럼 그때 봬요~'

'좋은 꿈꾸세요!'

^^

솔로는 핸드폰을 침대에 집어던지고는 방방 뛰기 시작했다. 루루와 루키를 꼭 껴안고 미친 듯이 뽀뽀를 했다.

'이게 얼마 만의 데이트냐!'

그러는 와중에서도 어디를 가서 저녁을 먹어야 분위기가 있을지 열심히 머리를 굴리기 시작했다.

전화를 끊고 난 정하는 의자에 앉아 잠시 생각에 잠겼다.

'모임 때 보니 말도 더듬거리고 영 쑥맥처럼 보이더니 데이트 신청을 다하네?'

사실 몇 시간을 한 테이블에 앉아 있었지만 정하의 눈에 비친 솔로는 매력남과는 전혀 동떨어진 모습뿐이었다. 정하는 시원시원하게 자기 의사를 표시할 줄 아는 남자, 자신감이 넘쳐 여자를 잘 이끌어줄 수 있는 리더십이 있는 남자를 원했다. 하지만 솔로는 소심해 보였다. 다른 남자들도 특별히 눈에 들어오지 않았다. 그래서 첫 모임이 지난 다음부터는 남자들한테 신경 쓰지 않고 강의 듣는 데만 집중하고 있었다. 그런데 영화를 봐야 한다는 조별 미션이란 것이 주어졌고 솔로가 조장이 됐다. 그것도 리더십이 있어서가 아니라 가위 바위 보를 해서 진 사람이 조장하기로 했는데 혼자 가위를 낸 솔로가 져서 조장이 된 거였다.

그런 솔로가 감히(?) 자기와 단 둘이 저녁 먹자는 말을 꺼냈다는 사실이 당돌하게 느껴졌지만 새로운 호기심도 생겼다. 보기보다는 용기가 있는 남자일 수 있겠다는 추측도 해봤다. 조금 더 알아보는 것도 나쁠 것 같지 않아 데이트 제안을 거절하지 않고 받아들였다.

사실 정하는 연애 한 번 못해본 쑥맥은 아니었다. 3년 동안 사귀었던 남자친구와 헤어진 지도 벌써 2년이라는 시간이 지났다. 상대는 같은 대학에서 공부한 예비역 선배였다. 정하가 3학년 올라갈 때 같은 학년으로 복

학한 예비역들이 몇 명 있었다. 남자는 그 중 하나였고 나이도 네 살 많았다. 평범한 외모였지만 입담이 좋았고 큰 키에 알맞은 넉넉한 체격의 소유자였다. 술도 잘 마셨고 리더십도 있었기에 여학우들 가운데서는 그 선배를 좋아해 따라다니는 이들이 있다는 소문이 들리기도 했다. 하지만 정하는 술 마시는 것을 싫어하기도 했고 특별히 그 선배와 함께 어울릴 건수도 별로 없었다.

그 남자와는 단지 같은 강의실에서 같은 수업을 받는 선후배 그 이상도 그 이하도 아니었다. 시간이 흘러 정하도 남들처럼 졸업하고 '취직'이라는 치열한 전쟁터로 뛰어들었다. 취직이란 게 생각보다 쉽지 않았다. 대학 때부터 목표로 했던 S그룹과 H그룹은 면접도 못가고 서류전형에서 떨어졌다. 충격이었다. 와신상담 끝에 더 철저하게 준비한 다음, 정하는 세 번째 목표였던 K그룹에 입사 원서를 냈고 면접 보는 날 그 자리에서 우연히 그 선배를 만났다. 둘은 나란히 K그룹에 합격을 했다. 배치된 부서는 달랐지만 같은 학교 출신이라는 동질감에 서로를 격려해 주었고, 가끔씩 만나 밥먹는 사이가 되었다. 밥을 먹다 보니 영화도 함께 보게 되었고, 정하와 그 남자는 어느새 자연스럽게 주말을 함께 보내는 연인이 되어 있었다.

남자는 큰 덩치에 맞지 않게 자상한 면이 있었다. 만난 지 백일이 되던 날 정하에게 이벤트를 해줬다. 정하의 집 어귀에 있는 작은 카페를 빌려 풍선과 하트 모양으로 양초를 진열해놓고 정하를 불렀다. 아무 생각 없이 카페 문을 들어서던 정하는 깜짝 놀랐고, 그 놀람은 곧 감동이 되어 코끝을 찡하게 만들었다. 드라마나 영화에서 이런 장면을 볼 때는 정말 유치하다고 생각했었다. 그런데 막상 자신이 그런 이벤트 주인공이 되어보니 유치함보다 행복의 무게를 더 크게 느낄 수 있었다. 그날 밤 집 앞에서 남자와의 첫 키스는 매우 달콤했다. 정하와 남자는 그렇게 만남을 이어나갔고, 그 달콤한 만남은 영원히 계속될 것만 같았다. 결혼도 생각했다. 그런데 1년쯤 지나자 둘의 관계가 삐끄덕대기 시작했다. 남자 때문이었다.

남자는 유머가 있고 무척 자상한 편이었다. 그런데 술만 마시면 변했다. 취하면 취할수록 말과 행동이 거칠어졌고 목소리는 커졌다. 옆 테이블에 앉은 사람들과 시비가 붙어 주먹질을 하기도 했다. 옆에서 지켜보는 정하의 마음은 너무 조마조마했다. 뿐만 아니었다. 남자는 이렇게 잔뜩 취한 날이면 어김없이 지나친 스킨십을 시도하며 섹스를 요구했다. 정하는 남자를 진심으로 사랑했기 때문에 스킨십을 거부하지는 않았다. 결혼도 생각하고 있었기에 섹스도 할 수 있다고 생각했다. 하지만 이렇게 떡이 되도록 술에 취한 상태에서는 아니었다. 술에 의해 딴사람처럼 변한 남자에게는 몸은커녕 마음도 열리지 않았다. 남자는 그런 정하를 보며 거칠고 저속한 말로 상처를 주었고, 다른 친구들을 불러 2차를 가버렸다. 화려한 네온사인이 번쩍이는 길거리에 혼자 남겨진 정하는 울며 택시를 타고 집으로 돌아왔고, 그런 일은 점점 더 많아졌다.

시간이 지나면 남자의 나쁜 습관은 고쳐질 수 있으리라 믿었다. 하지만 그건 착각이었다. 남자의 술버릇은 시간이 지날수록 더 잦아지고 거칠어졌다. 정하는 눈물로 호소했다. 악도 써봤다. 화도 내보고 무릎 꿇고 빌기도 해봤다. 남자는 그런 정하의 모습을 보며 술에서 깨면 미안하다는 말을 입버릇처럼 되뇌었다. 다시는 입에 술을 대지 않겠다고, 절대로 대지 않겠다고 약속까지 했다. 하지만 그 약속은 일주일도 가지 못해 번번히 깨졌고, 그 남자에 대한 신뢰는 그렇게 서서히 무너져 내렸다. 연애한 지 3년이라는 시간이 지나갈 무렵, 남자는 다른 회사로 직장을 옮겼고, 스물 아홉이 된 정하는 이별을 선택했다.

그 후로부터 일절 남자에 대해 마음의 문을 열지 않았다. 교회에서는 물론이고 직장에서 자신에게 대시하는 남자들을 정중히, 하지만 분명한 태도로 거절했다. 정하는 자기도 모르게 두려움을 갖게 됐다. 겉으로는 괜찮아 보이는데 사귀면 발견하게 될 그런 치명적인 문제들을 가지고 있는 남자를 만나지 않을까 하는….

서른 고개를 넘고 서른하나의 언덕도 넘었다. 아직 결혼에 대한 생각이 없었지만 부모의 마음은 급했다. 친구 딸자식들은 이미 결혼해서 아이를 낳아 키우고 있는데 어느 면으로도 부족함이 없어 보이는 자기 딸은 서른 둘이 되도록 시집을 안가고 있으니 점점 속이 탈 수밖에 없었다. 인내심의 한계가 찾아왔다. 그러던 차에 정하 어머니는 극동방송에서 결남결녀 모임 광고를 듣게 됐다. 곧바로 정하와는 한 마디 상의도 없이 전화를 걸어 모임에 등록을 했다. 그리고 무슨 일이 있어도 좋은 남자 만나 올해 안에 꼭 시집을 가야 한다며 반 협박(?)으로 정하의 등을 떠다밀었다. 예전 같았으면 이런 모임에 참석하지 않았을 테지만 서른둘이 된 지금, 무조건 안 나간다고 할 수는 없는 일이었다.

그렇게 억지로 참석한 모임이었다. 정하의 마음을 사로잡는 외모를 갖춘 남자들은 한 명도 없었다. 그나마 다행인 것은 모임을 진행하는 박 목사의 강의가 좋았다. 교회 안에서는 듣기 쉽지 않은 주제를 성경적으로 쉽고 재미있게 풀어 강의했기 때문이었다. 딱딱하고 어색할 수 있는 분위기를 화기애애하게 만들어주는 레크리에이션도 재미있었다. 기도회 시간에는 오랜 시간 동안 냉랭하게 굳어있던 마음이 성령의 불로 뜨거워짐도 경험했다. 모임을 마치고 집으로 돌아오면서 남은 시간 동안 다 참석하리라 마음먹었다. 그렇게 마음 한 구석에서 모임에 대한 여운이 가시지도 않았는데 솔로에게서 카톡이 왔고, 일대일 만남을 수락해버렸다.

'이름이 '솔로'가 뭐야 '솔로'가…. 그러지 않아도 스타일부터 완전 솔로일 수밖에 없겠던데 말이야.'

정하는 '솔로'라는 그 이름을 듣는 순간 웃음이 나왔다. 그러나 한편으로는 소심하고 내성적인 모습 이면에 감춰져 있는 진실함을 약간이나마 느낄 수 있었다. 그리고 무엇보다 용기 있게 자기에게 데이트 신청을 했다는 점이 마음에 들었다. 과거의 남자를 떠올리면서 유머 있고 화술 좋은 남자는 연애하기에는 좋을지 모르지만 결혼은 유머나 화술은 부족하더라도 진실한 마음을 가진 남자와 하면 좋겠다는 생각을 하고 있었다.

'그냥 편안한 마음으로 만나보자. 어차피 조별 미션 과정에 일부분이라고 생각하면 되지 뭐.'

정하는 옷을 갈아입으며 그렇게 생각을 정리했다.

7화

성공적인 연애를 위한 다섯 가지 팁, 하나

솔로와 정하가 만난 건 서면에 있는 스파게티 전문점 '깐쇼네'였다. 깐쇼네는 2층에 있었다. 인테리어는 엔틱한 분위기를 자아냈고, 크고 푹신한 소파는 한 사람이 누워 자도 될 만큼 넉넉한 크기를 자랑했다. 스파게티 가격은 약간 비싼 편이었지만 맛은 훌륭했다. 특히 크림소스 스파게티의 고소한 크림맛과 적당히 익은 면과의 조합은 잃어버린 미각도 다시 찾아오게 할 만큼 매력적이었다.

솔로는 집에 가서 옷을 갈아입을 시간적 여유가 없었다. 모임 때는 항상 청바지에 티셔츠를 입고 나갔기 때문에 조별 미션으로 영화볼 때도 캐주얼한 차림으로 나가리라 생각했었다. 그런데 아침에 집을 나서면서 옷을 챙겨놓은 쇼핑백을 그대로 두고 나왔다.

'이런 실수를 하다니… 어떡하지?'

방법이 없었다. 할 수 없이 출근할 때 입었던 정장 차림 그대로 약속 장소에 나가 자리에 앉아 있었다.

정하는 약속 장소에 10분 정도 늦게 도착했다. 종종 걸음으로 계단을 올라가 문을 살며시 열었다. 그러자 바로 맞은편에 솔로가 앉아 있었다.

"정하 씨! 여기에요."

솔로는 반갑게 자리에서 일어났다.

솔로를 본 정하는 살짝 놀랐다. 모임 때마다 늘 캐주얼을 입고 있던 솔로를 보면서 패션 감각이 떨어진다고 생각했는데 오늘은 조금 달랐다. 새 옷은 아니었지만 깔끔한 정장이 잘 어울렸다.

"뭐 드실래요?"

"제일 맛있는 걸로 시켜주세요."

"제일 맛있는 거 말씀이죠? 이 집은 크림소스가 맛있어요."

크림소스 스파게티는 정하가 제일 좋아하는 메뉴였다.

"저, 그거 좋아해요."

"그럼, 저는 토마토 소스 스파게티로 할게요."

식사를 하고 이런 저런 대화를 나누면서 정하는 솔로에게도 유머러스한 면이 있다는 사실을 발견했고, 솔로는 정하가 자신의 말에 귀 기울이는 모습을 발견할 수 있었다. 서로의 말에 공감하고 웃기도 했다. 오랜만에 가져보는 시간이었고, 서로에게 있어서 좋은 느낌을 주는 의미 있는 시간이었다. 어느덧 시간이 되었고, 둘은 조별 미션 수행 장소인 영화관으로 향했다.

솔로와 정하가 도착하고 나서 얼마 안 있다가 종신이 도착했고, 그 뒤를 이어 명진이 도착했다. '오싹한 연애'는 생각보다 재미있었다. 호러와 멜로가 적절한 균형을 이뤘다. 중간마다 귀신이 섬뜩하게 튀어나오는 장면에서는 명진은 코트로 아예 얼굴을 가렸고, 정하는 눈을 꼭 감고 있었다. 맨 마지막에 남자 주인공이 울면서 사랑 고백을 하는 가슴 찡한 장면에서는 손수건을 꺼내 눈물을 닦는 사람들도 있었다. 영화관을 나오니 시간은 벌써 11시를 향하고 있었다. 뒷풀이를 하기엔 시간이 너무 늦어 인증샷만 찍고 바로 헤어졌다. 마침 정하와 명진의 집이 종신 집과 가까워 두 사람은 종신 차를 타고, 솔로는 자기 차를 타고 집으로 향했다.

그렇게 조별 미션이 끝나고 세 번째 모임이 시작되는 토요일이 됐다.

솔로는 지난주와 마찬가지로 시작 30분 전에 도착했다. 박 목사와 일찍 도착한 사람들은 자리를 세팅 중이었다.

"솔로 형제, 일찍 오셨네요."

박 목사가 의자를 나르다 말고 솔로에게 인사를 건넸다.

"네, 좀 일찍 왔습니다. 저도 세팅하는 거 도와드릴게요."

"아유, 그럼 고맙죠. 그럼 힘 좀 써주세요!"

십분도 안 돼서 세팅은 끝이 났다. 세팅이라고 해봤자 원래 있던 테이블과 의자 배치만 바꾸면 되는 것이기에 크게 어려운 일은 아니었다.

시간이 되자 사람들이 도착했고, 순서는 시작됐다.

"반갑습니다. 오늘 세 번째 모임인데요. 한 주간 잘 지내셨죠?"

"네, 잘 지냈습니다."

사람들은 한 목소리로 대답했다.

"한 주가 정말 금방 지나갔습니다. 여러분들이 클럽에 올려놓은 조별미션 인증샷하고 후기 잘 봤어요. 정말 우열을 가리기 힘들 만큼 참여도도 높고 후기도 잘 썼더라구요. 그래도 1등은 뽑아야 하니까 제가 심사숙고해서 결정했습니다. 결과는 모임 끝날 때 발표할게요. 오늘은 강의 먼저하고 저녁 먹겠습니다. 그 다음 기도회로 모임을 마치도록 할거구요.

자! 오늘 강의 제목을 다 같이 따라해 볼까요? 성공적인 연애를 위한 다섯 가지 팁!"

"성공적인 연애를 위한 다섯 가지 팁!"

"네! 잘 하셨습니다. 다섯 가지 팁 중에서 오늘은 세 가지를 말씀드리고 다음 주에 이어서 나머지 두 가지를 말씀드리도록 하겠습니다. 연애도 성공적인 연애가 있고, 실패하는 연애가 있습니다. 실패하는 연애가 궁금하신 분은 오늘 제가 말씀드리는 성공적인 연애의 반대로만 하면 됩니다. 아셨죠?"

"목사님! 저는 지금까지 실패하는 연애만 해왔기 때문에 그건 그만 배워도 될 것 같습니다. 성공적인 연애 비결 좀 알려 주십쇼!"

용하의 말에 사람들은 '큭큭' 대며 웃었다.

"아~ 왠지 용하 형제 말을 들으니 가슴이 짠해오는 걸요. 알겠습니다. 비결 보따리를 하나씩 풀어드릴 테니 잘 받아 적으세요. 성공적인 연애를 위한 첫 번째 팁입니다. 앞에 파워포인트로 글자가 뜨죠? 함께 읽을 게요. 시작!"

사람들이 큰 목소리로 외쳤다.

"눈을 낮춰라!"

"그렇습니다. 성공적인 연애를 위한 다섯 가지 팁 중 가장 중요한 것이기 때문에 첫 번째 위치에 놨습니다. 현란 자매! 눈을 낮추라는 말을 듣고 어떤 생각이 들었어요?"

"저는 그 말을 듣고요 '아~ 이제 나도 눈을 낮춰야 할 나이가 되었나보다' 하는 생각이 들었어요."

현란의 대답에 급우울해 하는 자매들의 얼굴이 보였다.

박 목사는 사람들의 반응이 재미있다는 듯 웃으며 말했다.

"네. 지금 땅이 꺼지도록 한숨을 쉬는 몇 분이 보이는데요. 현란 자매의 말은 어느 정도 일리가 있는 말입니다. 지금 이 모임에 참석한 자매들은 24살부터 35살까지 있구요, 형제들은 31살부터 38살까지 있습니다. 그럼 평균 연령으로 볼까요? 자매들은 31~33세구요, 형제들은 34~36세입니다. 느낌이 오세요?"

"저희들 평균 연령이 그렇게 높은가요?"

종신이 놀랐다는 투로 말했다.

"그러게요. 좀 높죠? 사회적 통념으로 비추어 볼 때도 결혼 적령기를 살짝 오바(?)한 분들이 많다는 거 아시죠? 결혼 적령기를 넘겼다는 게 무슨 의미예요? 조건 좋은 상대방을 만나 결혼하기에는 내 조건이 '별로 안 좋아졌다' 라는 의미인 거죠. 물론 결혼 적령기를 넘겼어도 여자의 경우 빼어난 미모와 S라인 바디를, 남자의 경우 고액 연봉을 받는 전문직 종사자라면 얘기는 조금 달라질 수 있습니다. 왜요? 그런 조건들이 나이가 많다는 약점을 보완해주는 역할을 하기 때문입니다. 하지만 여기 모인 분들은 그런 분들 안 계시잖아요. 그죠?"

박 목사의 직설적인 발언에 사람들은 아무 말도 하지 못했다.

"제가 너무 솔직한 말을 했나요? 평범한 외모에 평범한 수준의 월급 받고 다니시는 분들이 대부분일 겁니다. 그렇다면 객관적으로 자신은 30점짜리면서 90점짜리 배우자와 결혼하고 싶어한다는 건 지나친 욕심입니다. 안 그래요? 중요한 건 자기가 객관적으로 대략 몇 점짜리인지 주제 파악을 하는 겁니다. 그게 선행되어야 성공적인 연애를 할 수 있습니다."

박 목사는 물을 한 모금 마시고는 강단에서 내려와 테이블 가운데로 나와 섰다.

"저는 웬만하면 사람들의 부탁을 잘 들어주려고 노력하는 편입니다. 그런데 별로 들어주고 싶지 않은 부탁이 있어요. 뭘까요? 솔로 형제! 뭘 것 같아요?"

"음… 돈 빌려 달라는 부탁인가요?"

솔로의 대답에 박 목사가 미소를 지으며 말했다.

"아니에요. 돈 빌려달라는 부탁은 들어주고 싶어요. 다만 가난한 목사라 빌려줄 돈이 없다는 게 문제죠. 자! 제가 싫어하는 부탁은 바로 '소개팅 시켜 달라'는 겁니다."

사람들은 의아한 눈으로 박 목사를 바라봤다. 그런 시선을 느낀 듯 박목사는 말을 이어 나갔다.

"잘 이해가 안 되죠? 적당한 사람들끼리 연결시켜주면 좋은 일일 텐데 말이죠. 제가 소개팅을 몇 번 시켜준 일이 있어요. 당연히 제가 보기에 여러 가지 면에서 서로 어울릴 만한 사람들을 만나게 했죠. 이 사람들이 만나고 나서 저에게 보고를 해요. 그런데 양쪽 말을 들으면 살짝 기가 막혀요. 왜 그래요? 서로 상대방이 마음에 안 든다는 거예요. 자기 수준보다 낮다는 거죠. 그 말을 듣는 저는 속으로 어떻게 생각하겠어요? 이렇게 생각해요. '니 주제나 알아라!' 그래서 저는 웬만하면 소개팅 연결 안 해줘요. 소개시켜주고 좋은 소리 못 들으니까요."

"목사님! 저는 불평 안할 테니 나중에 소개팅 한번 연결시켜 주세요!"

"하하하"

용하의 말에 사람들이 웃음을 터뜨렸다.

"용하 형제! 소개팅 생각은 꿈도 꾸지 말고 그냥 여기에서 짝을 만나길 바래요. 어쨌든 주제파악을 못하는 싱글들이 상당히 많습니다. 어떤 남자들은 자기 나이나 능력은 생각도 안 하고 무조건 어리고 예쁜 여자를 찾는 경향이 있어요. 어떤 여자들은 자기 수준은 생각하지 않고 잘생기고 돈 많은 '현빈' 같은 남자와 결혼하고 싶어 해요. 그러니 웬만한 상대가 눈에 차겠어요? 하지만 자기 주제를 알고 눈을 낮추면 상황은 많이 달라져요. 눈을 낮추면 상대방의 장점이 보여요. 장점이 보이면 상대방의 매력도 발견할 수 있구요. 그러면 감사하는 마음이 생겨요. 그런 마음으로 연애를 해야 행복해요."

사람들은 고개를 끄덕였다.

"아무리 좋은 사람, 그에게 꼭 맞는 사람을 붙여도 눈이 높으면 만남이 이어지지 않아요. 하지만 눈을 낮추면 상대방을 받아들일 수 있기 때문에 눈을 낮추는 게 성공적인 연애의 가장 기본인 거죠.

자! 성공적인 연애를 위한 두 번째 팁입니다. 화면 보고 읽어볼까요?"

"믿음이 있는 사람을 만나라!"

"잘 보세요."

박 목사는 글자가 떠 있는 화면 아래쪽으로 가서 손을 가리키며 말했다.

"믿음 있는 사람을 만나는 게 중요합니다. 믿음이 없는 사람은 연애 대상에 포함되지 않습니다. 어떤 사람들은 믿음이 아주 좋은 사람 만나기를 원합니다. 바꿔서 말하면 믿음이 자기보다 좋아야 연애하고 결혼할 수 있다는 거죠. 이런 주장을 어떻게 생각하세요? 도희 자매가 말해줄래요?"

무슨 말을 해야 할지 잘 모르겠다는 표정으로 도희가 대답했다.

"맞는 말 아닌가요? 실은 저도 제 배우자 될 사람은 저보다 믿음이 좋아서 제가 따라갈 수 있는 사람이면 좋겠다고 생각해 왔거든요."

박 목사가 대답했다.

"물론 틀렸거나 잘못된 생각은 아닙니다. 남자든 여자든 자기보다 믿음 좋은 사람 만나고 싶어 하는 건 인지상정이니까요. 하지만 반드시 그런 사람을 만나 결혼해야겠다는 생각은 별로 바람직하지 않다는 겁니다. 왜 그럴까요? 교회 다니는 청년 중에서 형제들보다 믿음 좋은 자매들이 많아요? 적어요? 형제들만 대답해봅시다."

"많습니다!"

남자들이 목소리를 모아 대답했다.

"씩씩해서 좋아요. 그러면 자매들에게 물어볼게요. 자매들보다 믿음 좋은 형제들이 많아요, 적어요?"

"적어요!"

여자들이 대답했다.

"맞아요. 잘 알고 있어요. 교회 다니는 청년들을 비율로 보면 남자들이 훨씬 적은데 믿음은 여자들이 더 좋아요. 믿음 좋은 남자들은 교회에 별로 남아 있지 않아요. 신학을 해서 목회자가 되었거나 아니면 이미 다른 여자의 남자일 경우가 많습니다. 즉, 믿음의 완제품들은 이미 팔려 나갔어요. 그럼 뭐가 남았어요? 믿음의 미완성품들이 남았죠. 미완성품이라고 거부하거나 무시하면 안돼요. 완성품이 될 때까지 기다려주고 도와주면 되는 겁니다. 무슨 말인지 아시겠죠? 남자든 여자든 상대방에게 하나님에 대한 기본적인 믿음이 있으면 됩니다. 자기보다 크면 감사하고 적으면 큰 믿음으로 성장할 수 있도록 도와주면 되는 거지, 나보다 믿음이 적기 때문에 배우자로 적당하지 않다는 생각은 버려야 한다는 사실, 꼭 기억하시기 바랍니다.

이번엔 세 번째 팁을 같이 읽어볼게요. 시작!"

"이성적인 매력을 계발하라."

"그래요. 세 번째 팁은 이성적인 매력을 계발하라는 겁니다. '보기 좋은 떡이 먹기도 좋다'는 속담이 있습니다. 의미는 말 안 해도 잘 아실 겁니다. 저는 이 말이 꼭 음식에만 해당된다고 생각하지 않아요. 다양한 곳에 적용할 수 있습니다. 물건을 예로 들어 볼까요? 여러분이 만약에 마트에 가서 다리미를 산다고 가정해보죠. 아무리 물건이 좋아도 포장이 개판이면 사고 싶어요?"

"절대 안사죠. 요즘 예쁜 물건들이 얼마나 많은데요."

미호가 생글거리며 말했다.

"그래요. 별로 사고 싶어 하는 사람은 없을 겁니다. 선택권에서 아예 제외가 되어 버리는 거죠. 그럼 어떤 것을 살까요? 예쁘게 잘 포장된 상자 안에 들어 있는 다리미를 사게 되죠. 사람도 마찬가지예요. 아무리 그의 내면이 좋아도 이성적인 매력이 없는데 어떻게 호감이 생기겠어요? 우리가 무슨 성인군자예요? 아니잖아요. 아무리 자기 자신이 좋은 성품과 믿음을 가지고 있어도 이성적인 매력이 없어 아무도 다가오려 하지 않는다면 어떻게 연애할 수 있겠어요? 연애는 혼자 하는 게 아니잖아요. 노총각 노처녀들을 만나보면 공통점이 있어요. 바로 외모를 가꾸는데 별로 신경 쓰지 않는다는 겁니다. 헤어스타일도 옷차림도 화장도 너무 소탈해요. 소탈하다 못해 무심(?)하죠. 내적 매력을 계발하는 데는 시간이 필요합니다. 하지만 외적 매력, 이성적인 매력은 조금만 신경 쓰면 쉽게 계발이 가능합니다. 헤어스타일이나 옷, 여자들 같은 경우는 화장에 조금만 신경 써도 훨씬 더 매력적인 사람이 될 수 있다는 말입니다. 성공적인 연애를 꿈꾸십니까? 그러면 자신의 이성적인 매력 계발에도 노력해 보세요."

사랑의 팁 세엣

사랑은 자신을 낮추는 것입니다

연애나 결혼 초기엔 싸우지 않다가 시간이 지나면서 갈등과 다툼이 생기기 시작합니다. 왜 처음엔 없던 문제들이 점점 생겨나는 걸까요? 그 이유 중에 하나가 바로 연애를 시작해서 사귀는 기간이 길어질수록 바로 상대방은 낮추고 자신을 점점 높여가기 때문입니다.

사귀기 시작할 처음에는 열정적인 사랑 때문에 상대방에게 모든 것을 맞춥니다. 먹고 싶은 것, 보고 싶은 것, 가고 싶은 곳을 내 위주가 아니라 상대방 위주로 생각하고 행동하게 됩니다. 자기 자신도 모르게 상대방을 높이고 자신을 낮추는 겁니다.

그런데 시간이 지나 열정적인 사랑이 식어지고, 눈을 덮고 있던 사랑의 콩깍지가 떨어져버리는 순간 억눌려있던 이기심이 꿈틀거리기 시작합니다. 상대방보다는 자기 자신에게 맞추고 싶어합니다. 본능적으로 말이죠.

그리고 내면에 숨어 있던 또 다른 자아가 이렇게 말하기 시작하죠. '야! 너 왜 그렇게 상대방위주로 살어? 너도 대접받아야지. 니가 더

소중한 존재라구!'

　이 음성에 귀 기울이다 보면 어느새 상대방을 낮추고, 자신을 높이게 됩니다. 여기서부터 갈등이 시작되는 겁니다.

　하지만 진정한 사랑은 상대방을 위해서 자신을 낮춥니다.

　희생과 배려가 사랑의 본모습이기 때문입니다.

　주님은 하나님이시면서도 인간의 몸을 입고 이 땅에 오셨습니다.

　스스로를 낮춰도 너무 낮추셨습니다. 하나님이 인간이 되신 것은 인간이 개미가 되는 것과는 비교할 수도, 상상할 수 없을 만큼 자신을 낮춘 겁니다. 이유가 뭘까요? 바로 죄인 된 인간인 우리들을 너무나도 사랑하셨기 때문입니다.

　그래서 낮추신 겁니다. 물론 사귐에 있어서 상대방에게 항상 양보하고 비굴하게 굴라는 건 아닙니다.

　항상 겸손한 자세로, 자신을 낮추는 자세가 바람직한 사랑의 모습이라는 거죠. 그런데 그거 아세요? 대부분의 커플들은 낮춰서 문제되는 게 아니라 안 낮추는 게 문제라는 사실을 말이죠.

　사랑한다면 상대방보다 자신을 낮추세요.

　틀림없이 아름다운 사랑을 만들어갈 수 있을 겁니다. ^^

8화
생각이 바뀌다

솔로는 모임을 마치고 집으로 돌아오면서 강의 내용을 다시 한 번 곱씹었다. 눈을 낮추고, 믿음 있는 사람을 만나고, 이성적인 매력을 계발하라는 내용의 강의는 지금까지 교회에서 별로 들어보지 못한 내용들이었다. 그랬기 때문에 그런 것의 중요성에 대해서도 별로 생각해 본적도 없었다. 하지만 모임을 통해 강의를 들으면 들을수록 자기 자신의 변화에 대한 필요성을 느끼게 되었다. 특히 오늘 강의에서 믿음이 있는 사람을 만나야 한다는 부분과 이성적인 매력을 계발하라는 부분이 크게 공감됐다.

솔로는 오랜 시간 청년회 활동을 하면서 같은 신앙을 가진 자매를 만나 결혼할 수 있을 거라 생각해 왔었다. 하지만 서른일곱이 되도록 믿음 있는 자매를 만나지 못하고 시간이 지나자 생각이 바뀌기 시작했다.

'꼭 같은 신앙을 가진 사람만 만나야 하는 건 아니잖아?'

솔로는 만약 교회에 다니지 않는 여자를 만난다 하더라도 결혼하고 나서 자기가 전도하면 된다고 생각했다. 더 이상 배우자를 신앙인만으로 제한하면 장가가기 어렵겠다는 위기감이 점점 커졌다. 교회에 다니지 않는 사람이 90%를 차지하는 부산 땅에서 믿는 사람 만나는 것도 너무 어려웠다. 따라서 종교와 상관없이 누구든 만나리라고 결심하고 있던 차였다. 그런데 오늘 강의를 통해서 결심이 흔들리기 시작했다.

'믿음 있는 사람을 만나는 것이 기본이라고?'

지금까지 살아오면서 기본에 충실한 것이 중요하다고 믿어왔다. 또 그렇게 기본에 충실한 삶을 살아왔다. 그런데 크리스천으로서 결혼의 기본은 믿음 있는 사람을 만나 결혼하는 것이란 말이 가슴에 비수처럼 꽂혔다. 오늘 강의는 하나님이 자신에게 특별히 주신 말씀이라는 것을 느꼈다. 감사했다. 그렇게 솔로의 생각은 조금씩 바뀌어가고 있었다.

이런 생각의 변화는 정하도 마찬가지였다. 지금까지 자기 눈이 높다고 생각한 적은 한 번도 없었다. 단 한 번도 말이다. 하지만 강의를 들으면서 배우자에 대한 자기 기준을 떠올려봤다.

'키는 적어도 178cm 이상, 여자에 대한 배려심은 기본이고, 믿음은 자기보다 좋아서 자신을 이끌어 줄 수 있어야 하고, 직장은 남들이 다 괜찮다고 생각하는 정도는 다녀야 하고…' 이런 정도의 생각은 욕심이 아니라 지극히 평범한 것이라 믿었다. 아니, 자기 수준이면 이런 정도의 남자여야 한다고 생각했다. 하지만 이렇게 평범하다싶은 조건을 갖춘 기준의 남자는 쉽게 나타나지 않았다. 설령 있다고 해도 이미 적극적인 다른 자매들이 그냥 놔두지 않았다. 대시를 해서 결혼을 한 경우가 많았다. 하지만 정하는 자신의 기준에 맞는 남자를 만날 수 있을 거라는 희망을 포기하지 않았다. 솔직히 말하자면 포기하고 싶지 않았다.

'내가 아무나 하고 결혼하려 했으면 벌써 결혼했지 서른이 넘도록 싱글로 있었겠어?'

정하는 자기 기준에 미달되는 사람과 살 거라면 차라리 독신으로 사는 것이 훨씬 낫겠다고 생각했다.

그런데 강의를 들으면서 생각이 바뀌기 시작했다.

먼저 스스로를 객관적으로 평가하려는 노력을 해봤다. 다른 사람들이 보기에도 조건 좋은 남자가 자기와 결혼하고 싶어할 만큼 괜찮은 여자인지 냉정하게 점수를 매겨봤다. 대답은 '아니오'였다.

못생긴 건 아니지만 괜찮은 남자가 자기에게 푹 빠질 만큼 예쁘지도 않았다. 그렇다고 나이가 결코 적은 것도 아니었다. 서른을 훌쩍 넘긴 자기보다 어리고 예쁜 후배들이 주변에는 얼마든지 있었다. 직업도 마찬가지였다. 전문직도, 공무원도 아닌 평범한 직장인에 불과했다. 이런 자신의 처지는 생각하지도 않고 백마탄 왕자만을 기다리고 있는 자기 모습을 박 목사의 강의를 통해 직면할 수 있었다. 힘 빠지는 노릇이었지만 인정할 수밖에 없었다.

'눈을 낮춰야겠어.'

지금까지는 자기가 정한 조건들을 갖춘 사람이 아니면 절대 만나지 않겠다는 생각을 했지만 이제는 그런 조건을 다 갖추지 않았더라도 만나

봐야겠다는 결심을 하게 됐다. 그리고 믿음이 있는 남자를 만나야겠다는 생각이 별로 없었지만 강의를 통해서 반드시 믿음이 있는 사람을 만나야겠다는 생각도 하게 됐다. 그런 의미에서 솔로와의 데이트가 좋은 경험이었다. 솔로는 정하의 기준에 많이 미달되는 사람이었다. 하지만 직접 만나 데이트를 하고 보니 자기가 생각하지 못했던 좋은 장점들을 있음을 발견할 수 있었다.

정하는 '모 아니면 도'라는 생각을 내려놨다. 그리고 눈을 낮춰 하나님이 만나게 하시는 남자를 만나리라 결심했다.

9화

성공적인 연애를 위한 다섯 가지 팁, 두울

모임 시간이 되자 사람들이 삼삼오오 모여들었다. 시간이 지나면서 처음의 어색함은 거의 사라졌다. 내성적인 솔로조차 누구를 만나도 안부를 묻고 자연스럽게 대화하는 일이 가능했다. 시작 시간은 여섯 시였지만 삼십분 전에 이미 절반 이상은 나와 있었다.

사람들의 담소를 지켜보고 있던 박 목사가 강단으로 나왔다.

"자! 이번 한 주간도 잘 지내셨나요? 시간이 금방 지나갔죠? 우리 모임도 어느덧 중반에 접어들었네요. 오늘은 지난 시간에 이어 성공적인 연애를 위한 다섯 가지 팁 중 나머지 두 가지를 말씀드리겠습니다. 기대하시고 집중해서 들어보세요. 열심히 듣는 사람들이 시집, 장가도 잘 갈테니까요.

그럼, 네 번째 팁으로 가볼까요? 따라해 보세요. 결혼 상대를 만날 수 있는 모임에 적극적으로 참석하라!"

"결혼 상대를 만날 수 있는 모임에 적극적으로 참석하라!"

사람들의 외침이 경쾌하게 느껴졌다.

"그렇습니다. 성공적인 연애를 위해서는 결혼 상대를 만날 수 있는 모임에 적극적으로 참석해야 합니다. 이런 모임은 여러 가지가 있을 텐데요. 생각나는 게 있으면 하나씩 말해볼까요? 미호 자매!"

"결혼 정보업체요!"

박 목사는 잠깐 생각하고는 말을 이어갔다.

"결혼 정보업체라…. 모임이라고 하기는 그렇지만 어쨌든 결혼 상대를 만날 수 있는 통로가 되기는 하네요. 다만 결혼 정보 업체를 통해서 좋은 사람 만나는 일이 생각보다 쉽지 않습니다. 왜 그럴까요? 첫째, 돈이 많이 들어요. 우리나라에 결혼 정보업체가 몇 개나 되는지 아시는 분?"

"500개쯤 되나요?"

규태가 대답했다.

박 목사는 고개를 저으며 말했다.

"그보다 배는 많습니다. 1,000여 개 정도 된답니다. 그런데 상위 몇 %를 제외하고는 우후죽순처럼 생겨난 소규모 결혼 정보 업체에 가입하는 데는 돈이 별로 안 듭니다. 자격도 그리 까다롭지 않구요. 대신 어떤 사람들이 나오겠어요? 별 볼일 없는 사람들이 나옵니다. 반면에 이름만 들어도 알만한 결혼 정보업체 같은 경우는 회비가 아주 비싸죠. 몇 백은 기본입니다. 물론 돈을 낸 만큼 어느 정도 수준이 되는 사람들이 나오겠죠. 대신 내 조건도 좋아야 합니다. 여자는 나이가 어리고 예뻐야 합니다. 남자는 물론 전문직에 고액 연봉자여야 결혼이 성사될 확률이 높죠. 그렇기 때문에 평범한 사람들에게는 별로 도움이 안 된다고 생각해요. 혹시 미호 자매는 비싼 돈 주고 결혼 정보업체를 통해 만나 결혼했다는 사람 주변에서 본적 있나요?"

"아니요, 아직 한 번도 못 봤어요."

"그렇군요. 그럼, 다른 분들은 주변에 그런 분들 본적이 있나요?"

사람들은 서로의 얼굴을 쳐다봤다. 하지만 아무도 주변에 결혼정보업체를 통해 만나 결혼했다는 사람은 없는 듯 했다.

박 목사는 그럴 줄 알았다는 표정을 지으며 말을 이어갔다.

"저도 마찬가지예요. 지금까지 사역하면서 상당히 많은 사람들을 대해 봤지만 결혼정보업체를 통해서 결혼했다는 커플은 단 한 번도 못 봤으니까요. 성사가 되기는 하겠죠. 단지 성사가 적게 되기 때문이라고 생각됩니다. 여러분들을 위해서 제가 결혼정보업체에 대한 간단히 정보를 알려 드릴게요. 이름 있는 결혼정보업체에 회원으로 가입하려면 절차가 까다롭습니다. 일단 서류를 작성해야 하는데 학력 · 직장 · 가족사항 · 키와 몸무게 · 연봉 등 자신의 정보는 물론 부모의 직장 · 학력 · 재산 정도까지 기입하도록 되어있습니다. 이뿐만이 아닙니다. 나와 닮은 연예인 · 상담사가 본인의 성격과 스타일 · 남들이 보는 나 · 본인의 매력 · 5년~10년 나의 모습을 쓰는 란 같은 것도 있어요."

사람들은 놀란 눈으로 박 목사의 말을 경청했다.

"서류작성만으로 끝나는 것이 아닙니다. 더 중요한 게 있죠. 바로 회원 가입비용입니다. 잘 들어보세요. 일단 신상기록카드 작성이 끝나면 상담이 이뤄집니다. 회원 기준과 만남 횟수에 따라 D급은 100만 원 정도, C급은 200만~300만 원 정도, B급은 400~500만 원 정도, A급은 600~700만 원 정도를 회비로 내야 합니다. C급 기준으로 1년엔 5~7회 정도 만남을 주선하구요. 어때요? 여러분들 수준에 맞는 것 같으세요?"

사람들은 말문이 막힌 듯 아무도 대답하지 못했다.

"그럼, 결혼정보업체 말고 주변에 부담 없는 모임은 어떤 것이 있을까요? 주영 형제!"

"동호회 같은 모임 아닐까요?"

주영이 자신 없어 하는 말투로 대답했다.

박 목사는 고개를 끄덕였다.

"동호회도 괜찮아요. 같은 취미를 가진 동호회 활동을 하다보면 마음에 맞는 사람을 만날 확률이 높습니다. 실제로 주변에 보면 동호회에서 만나 결혼한 커플들도 쉽게 찾아볼 수 있구요. 대신에 취미는 같은데 자기에 비해서 나이가 너무 어리거나 많은 사람들이 다수인 동호회라면 결혼에는 그다지 도움은 안 되겠죠.

또 없을까요?"

박 목사는 사람들을 둘러보며 대답을 기다렸지만 고개를 갸우뚱거리기만 할 뿐 더 이상은 생각이 나지 않는 듯했다.

"하나 더 있는데 생각을 못 하시는군요. 여러분 가까이에 있는 모임인데…."

그러자 솔로가 깨달았다는 듯 말을 했다.

"결남결녀 같은 모임입니다!"

"정답입니다. 아주 잘 맞춰주셨어요. 이런 모임이 많이 없어서 그렇지 실은 동호회보다 결혼 대상자를 만나기에 훨씬 더 적합한 모임입니다. 왜냐하면 동호회는 공통 관심사가 취미이지만, 결남결녀 같은 모임은 '결혼'이라는 공통 관심사로 모이니까요. 결혼을 하고 싶어하는 사람들이 모였기 때문에 짝을 만나는 일은 아주 쉽습니다. 아무쪼록 이 모임을 통해서 많은 커플들이 나오기를 주님의 이름으로 축원합니다!"

"아멘!"

큰 소리로 아멘을 외치는 사람들의 표정에는 기대감이 서려 있었다.

"자! 성공적인 연애를 위한 마지막 다섯 번째 팁입니다. 따라해 볼까요? 외모보다 속사람을 볼 줄 아는 안목을 가져라!"

"외모보다는 속사람을 볼 줄 아는 안목을 가져라!"

박 목사는 강단으로 돌아가서 마이크 앞에 섰다.

"연애를 하기 위해서는 자기 주제를 파악하는 것도 중요하지만 상대방의 내면을 볼 수 있는 안목을 갖는 것도 중요합니다. 어떤 사람은 잘 세공된 금반지 같은 사람이 있어요. 자기 자신을 잘 다듬고 닦았기 때문에 빛이 납니다. 그래서 누가 봐도 값진 존재라는 사실을 금방 알 수 있습니다. 그런데 어떤 사람은 금광석 같은 사람이 있어요. 전체적으로는 돌덩어리처럼 보입니다. 중간중간 금성분이 섞여 있어 반짝거리기는 하지만 사람들의 시선을 끌기에는 많이 부족합니다. 게다가 가공이 되지 않았기 때문에 투박합니다. 금반지처럼 값진 존재로 만들려면 용광로에 녹이고 분리해내고 식혀서 세공해야 하는 복잡하고 번거로운 과정이 필요합니다."

박 목사는 사람들의 얼굴을 천천히 바라봤다.

"여러분들의 얼굴에는 대부분 '잘 세공된 금반지 같은 사람을 만나고 싶다'고 씌여 있습니다. 하지만 그런 사람들은 만나기 어렵습니다. 쉬웠다면 이런 자리에 여러분들이 왔겠어요? 벌써 결혼해서 자식 낳고 살고 있었겠죠. 반면에 다듬어지지 않은 금광석 같은 사람들은 만나기 쉽습니다. 자, 옆에 있는 사람들과 악수하면서 인사하겠습니다. '당신은 금광석 같은 사람입니다.'"

"당신은 금광석 같은 사람입니다."

사람들은 웃으며 옆 사람의 손을 잡았다.

"그래요. 여러분들은 아직 다듬어지지 않았기 때문에 겉으로 볼 땐 별로 가치도 없어 보입니다. 하지만 저는 이곳에 와있는 여러분들이 금광석 같은 분들이라고 생각합니다. 속에는 금을 품고 있는 사람들입니다. 여러분들은 앞으로 이 모임을 통해 순금처럼 값진 존재로 변해갈 것입니다. 그리고 서로를 조금씩 알아가게 될 겁니다. 외모는 크게 중요하지 않아요. 속사람을 볼 줄 아는 안목이 있어야 합니다. 말투나 옷차림이나 헤어스타일은 별로 매력이 없더라도 속사람이 매력적인 사람, 지금은 별 볼일 없지만 잘 계발하기만 하면 훨씬 더 매력적인 사람으로 발전할 수 있는 그런 가능성이 있는 사람을 찾아내야 합니다. 마치 바보 온달과 결혼한 평강공주처럼 말이죠. 어때요? 여러분들은 속사람을 볼 줄 아는 안목을 가지고 있나요?"

아무도 자신 있게 대답하는 사람이 없었다.

그런 사람들을 바라보며 박 목사는 미소를 지은 채 말을 이어나갔다.

"괜찮습니다. 지금부터라도 그런 안목을 길러나가면 되는 거니까요. 이 모임에 열심히 참석하다 보면 그런 안목이 길러질 겁니다. 양 옆 사람과 악수하면서 이렇게 인사해 볼까요? '안목을 기릅시다!'"

"안목을 기릅시다!"

"잘했어요. 오늘 두 가지 중요한 팁을 배웠습니다. 먼저, 결혼 상대를 만날 수 있는 모임에 적극적으로 참석하세요. 그리고 외면보다 내면의 모습을 발견할 수 있는 안목을 갖는 여러분 되시기를 바랍니다."

성공적인 연애를 위한 5가지 팁

1. 눈을 낮추자.

2. 믿음 있는 사람을 만나자.

3. 이성적인 매력을 계발하자.

4. 모임에 적극적으로 참여하자.

5. 속사람을 볼 줄 아는 안목을 가지자.

사랑의 팁 네엣

사랑은 상대방을 매력적인 사람으로 만들어주는 것입니다.
대부분의 사람들은 사랑하는 사람이 생기면 자기 자신을 더욱 매력적으로 보이기 위해서 노력합니다. 잘하는 행동입니다. 당신이 상대방에게 매력적으로 보인다는 것은 좋은 일이니까요.

하지만 그것보다 더 중요한 게 있습니다. 바로 상대방을 매력적인 사람으로 만들어 주는 거죠. 그(또는 그녀)가 당신과 함께 있을 때 당신 때문에 더 매력적인 사람이 되는 게 훨씬 의미 있는 일이고 성숙한 사랑을 하는 것입니다.

어떻게 해야 상대방을 매력적인 사람으로 만들어 주는 걸까요? 그건 바로 그의 매력 포인트를 찾아내서 칭찬해주는 겁니다.
상대방이 옷을 센스 있게 입고 나왔을 때, 좋은 아이디어를 얘기했을 때, 직장에서 어떤 일을 지혜롭게 처리했을 때 주저하지 말고 칭찬해주세요. 그것도 구체적으로 말이죠. 다시 말해서 상대방에게 칭찬

해줄 수 있는 때를 잘 파악하세요. 그리고 진심어린 마음으로 칭찬해 주세요. 격려해 주세요. "당신은 정말 매력적이야!"

그러면 상대방은 쑥스러워하면서도 틀림없이 기뻐할 겁니다. 그리고 자신의 매력을 발견해주고, 인정해주는 당신을 더욱 만나고 싶어 할 겁니다.

진정한 사랑, 성숙한 사랑은 말이죠. 상대방을 매력적인 사람으로 만들어주는 것입니다.

10화

카톡 대화 속에 싹트는 호감

집에 돌아온 솔로는 편한 옷으로 갈아입고는 핸드폰을 꺼냈다. 전화를 걸어 정하의 목소리를 듣고 싶은 마음은 굴뚝같았다. 하지만 아직 전화로 그렇게 통화할 만한 배짱이 없었다. 그래서 정하에게 톡을 날렸다.

'정하 씨, 잘 들어가셨나요? 전 방금 들어왔어요.'
이내 답이 왔다.
'저는 이제 버스에서 내려서 집으로 걸어가는 중이에요.'
정하의 답문을 본 솔로는 괜히 미안했다. 마음 같아서는 차로 집까지 데려다 주고 싶었지만 자신의 그런 제안을 정하가 받아들이지 않을지도 모른다는 두려움이 있었고, 또 제안을 받아들인다 해도 정하만 차에 태우고 가기에는 사람들의 눈이 너무 많았다.
'정하 씨, 제가 집까지 바래다드리고 싶었는데 미안해요.'

활짝 웃는 이모티콘과 함께 문자가 도착했다.

'미안해하실 거 없어요. 솔로 씨와 저는 집 방향도 정 반대잖아요. 다른 사람들이 보면 이상하게 생각할 거예요. 말씀만으로도 감사해요~^^'

정하는 문자를 통해 솔로의 따뜻한 마음을 느낄 수 있었다. 솔로의 내성적이고 신중한 스타일은 한마디로 말하면 정하가 별로 좋아하지 않는 타입이었다. 그런데 모임을 통해서, 또 밖에서의 데이트를 통해 대화할 기회가 많아지면서 솔로에 대한 자신의 감정이 조금씩 달라지고 있음이 느껴졌다. 사회생활을 하면서 접하게 되는 남자들 가운데 자신감 있는 사람치고 교만하지 않은 사람이 없었다. 여자 앞에서 자기를 과시하기 좋아하고 부풀려 말하기 좋아하는 남자들을 보면서 한심하다고 생각한 적도 여러 번 있었다. 하지만 솔로는 달랐다. 일류 대기업은 아니었지만 들으면 '아~ 거기!' 하며 알아줄 정도의 직장에서 근무하고 있었다. 키가 크거나 잘생긴 얼굴은 아니었지만 그렇다고 못생긴 얼굴도 아니었다. 정도 많고 진실한 성품의 사람이었다. 물론 소심한 성격은 단점이 될 수도 있겠지만 긍정적으로 생각하면 신중한 사람이었다. 이 정도면 일등 신랑감은 아니더라도 충분히 괜찮은 수준의 신랑감이었다.

'그렇게 말씀해 주시니 갑자기 마음이 가벼워지네요. 참! 오늘 모임 어떠셨어요?'

솔로가 정하에게 물었다.

'오늘도 유익했어요. 특히 박 목사님 강의가 귀에 쏙쏙 들어오던 걸요.'

'그러셨군요. 실은 저도 오늘 강의를 듣고 많이 깨달았어요. 특히 성공

적인 연애를 위해 결혼 상대를 만날 수 있는 모임에 적극적으로 참석하라는 부분에서 기분이 좋아지더라구요.'

기분이 좋아졌다는 솔로의 문자에 의아해진 정하가 물었다.

'기분이 좋아졌다구요? 왜 그런 생각을 했는데요?'

'실은 제가 결혼에 대해서 막막하게 생각하고 있을 때 우연히 극동방송 광고를 듣고 결남결녀 모임을 신청했답니다. 신청해놓고도 갈까 말까 망설이다가 딱 한번만 나가보고 결정하자고 결심하고 나갔는데 너무 좋은 거에요. 정하 씨를 비롯한 많은 믿음의 사람들을 만난 것도 좋았구요. 또 매주 듣는 강의도 많은 도움이 되더라구요. 그래서 이 모임은 하나님께서 저를 위해 만드신 모임이라는 확신이 드는 순간 기분이 좋아진 거죠.'

오타를 고쳐가며 장문의 문자를 완성한 솔로는 전송 버튼을 눌렀다.

솔로의 문자를 확인한 정하의 입가에는 미소가 번졌다.

'그러셨군요. 저는 이 모임 제가 신청한 게 아니라 엄마가 하셨어요. 무슨 일이 있어도 모임에 꼭 나가라는 엄마 말씀에 속상해서 안 나가려고 했구요. 그러다가 엄마 정성을 봐서라도 나가는 시늉이라도 하자는 생각이 들어 나왔죠. 그런데 막상 와보니 모임이 너무 좋았어요.'

'시작은 달랐지만 어쨌든 결론은 같아졌네요.'

'그러게요.'

'모임을 해보니까 결혼 적령기에 이른 우리 같은 싱글들이 만날 수 있는 모임이 정말 필요한데 주변에서 찾아보기가 참 어렵잖아요?'

'정말 그래요. 적은 회비에 좋은 강의도 듣고, 특히 다른 교회 다니는 분들을 만날 수 있는 모임이 부산엔 별로 없는 것 같아요. 뭐 부산뿐이겠

어요? 다른 지역도 마찬가지겠죠. 저도 이런 모임이 있다는 엄마의 말씀을 듣고 놀랐거든요.'

문자를 전송하자마자 정하의 핸드폰으로 선물 쿠폰이 도착했다. 스타벅스 아메리카노 쿠폰 두 장이었다. 확인해보니 솔로가 보낸 것이었다.

'아메리카노 쿠폰 두 장 보내요. 요즘 날씨도 추운데 이럴 때 향긋하고 따뜻한 아메리카노가 잘 어울리거든요. 물론 드실 때 제 생각하시는 거 잊지 마시구요.'

솔로의 답문이 도착했다.

정하는 카톡으로 아메리카노 쿠폰까지 보내는 솔로가 고마웠다. 그리고 갑작스러운 선물에 놀란 크기만큼 솔로에 대한 호감도 커져갔다.

'고마워요. 제가 그냥 받아도 되는 거죠?'

'그럼요. 부담 되실까봐 더 비싼 거 안보내고 제일 저렴한 거 보낸 거니까 편안한 마음으로 드세요.'

'그러시다면 잘 마실 게요. 피곤하실 텐데 씻고 쉬셔야죠?'

'네. 그래야죠. 그럼 다음주 토요일에 봐요. 편안한 밤 되세요!'

'네. 솔로 씨두요.'

솔로의 마음엔 뿌듯함이, 정하의 마음엔 잔잔한 감동이 느껴졌다.

11화

스킨십, 어디까지?

5주가 되면서 그동안 사람들과 많이 친해졌고 어색한 것도 거의 없어졌다. 앞으로 두 주밖에 남지 않았다는 사실이 벌써부터 아쉬움으로 다가왔다. 그런 마음은 솔로뿐만이 아니었다. 차를 마시며 대화를 나누는 다른 이들도 마찬가지였다. 어느덧 시계가 6시를 알리자 박 목사는 앞으로 나와 강단에 섰다.

"반갑습니다. 오늘이 다섯 번째 만남이네요. 얼굴들이 보기 좋습니다. 한 주간 건강하셨죠?"

"네~"

사람들이 이구동성으로 대답했다.

"내적으로 외적으로 꾸준히 발전해가는 여러분들의 모습을 보니 행복해지는데요? 자! 오늘은 평소에 교회에서 듣기 어려운 주제를 가지고 얘기할 겁니다. 궁금하시죠? 바로 '스킨십'과 '혼전 성관계'에 대한 내용입니다."

사람들은 호기심 어린 눈으로 박 목사를 바라봤다.

"저를 향한 여러분들의 강렬한 눈빛을 보니 제가 강의하려는 주제에 대해 상당히 관심 있다는 게 느껴집니다. 그럼 먼저 스킨십부터 시작해볼까요? 질문 들어갑니다. 스킨십이 뭡니까?"

아니나 다를까 사람들은 왠지 쑥스러운 표정으로 창밖을 보거나 고개를 숙여 딴짓을 하고 있었다.

박 목사는 사람들을 바라보며 빙그레 웃었다.

"아니, 미성년자들도 아닌데 왜 이렇게 쑥스러워 해요. 역시 이럴 땐 대답 제일 잘하는 종신 형제밖에 없네요. 얘기 좀 해보세요."

평소와 다르게 당황하며 종신이 말을 더듬었다.

"아~ 저…. 스킨십이란 사랑하는 사람끼리…마…만지고 그런 거 같은데요."

"어라? 말 더듬는 거 보니 수상한데? 어쨌든 종신 형제가 말을 더듬는 거 보니 재미있네요. 사랑하는 사람끼리 만지는 행위가 스킨십이다. 맞습니다. 스킨십은 사랑하는 사람들이 서로를 만지는 행위를 말합니다. 백과사전에 보니 스킨십에 대한 정의가 이렇게 나와 있더라구요. '피부의 상호 접촉에 의한 애정의 교류'라고 말이죠. 스킨십은 야한 단어가 아닙니다. 부부 또는 연인뿐만 아니라 부모 자식간에, 형제간에, 친구간에 친밀감의 표시로 안아주거나 터치하는 것은 모두 스킨십이라고 할 수 있으니까요."

박 목사는 중간으로 걸어 나와 사람들과 조금 더 가까운 곳에 섰다. 그리고 강의를 이어나갔다.

"오늘 제가 강의하려는 건 연인들간의 스킨십에 관해서입니다. 연인간의 스킨십을 다른 단어로 표현하면 '애무' 또는 '패팅'이 될 수 있을 겁니다. 이 단어들이 의미하는 범위가 아주 넓어요. 손잡기부터 시작해서 '성기 결합' 전까지의 모든 터치를 가리키니까요. 그러면 제가 이런 강의를 왜 할까요? 아직 여러분들은 스킨십을 시도할 애인조차도 없는데?"

"큭큭"

사람들은 당황해 하면서도 큭큭대며 웃었다.

"두 가지 이유에서 이런 강의를 합니다. 첫째, 여러분 모두 현재는 애인이 없지만 앞으로 분명히 생길 것이기 때문입니다. 둘째, 스킨십의 기준은 어디까지인가? 하는 것을 교회에서 안 가르쳐주기 때문입니다. 뭐 교회에서만 안 가르쳐주나요? 학교에서도 이런 건 안 가르쳐줍니다. 용하 형제! 학교나 직장에서 이런 거 배워본 적 있어요?"

박 목사가 묻자 용하가 대답했다.

"아~ 정말 꼭 필요한 과목인데 가르쳐주지 않더라구요, 글쎄."

박 목사는 웃으며 강의를 이어나갔다.

"그렇죠. 정말 꼭 알아야 하는 것 중에 하나인데 잘 안 가르쳐줘요. 저도 이 강의를 위해서 책을 얼마나 많이 사봤는지 몰라요. 물론 그 책들 가운데서도 명쾌하게 얘기하고 있는 건 별로 없었지만요. 먼저 스킨십은 아주 자연스러운 현상이라는 겁니다. 사랑하는 사람이 생겨 데이트하다 보면 만지고 싶고, 애무하고 싶어집니다. 이건 아주 자연스러운 현상이에요.

본능입니다. 그런데 어떤 사람들은 이런 스킨십에 대한 욕구를 부끄럽거나 음탕한 것으로 여겨 무조건 거부하거나 죄책감을 갖기도 합니다. 그럴 필요는 없어요. 식욕이 부끄러워요? 부끄러워하는 사람이 이상한 거죠. 성욕도 마찬가지입니다. 부끄러운 것이 아니라 자연스러운 겁니다. 따라서 스킨십을 적절하게 표현하고 스스로 잘 통제할 수 있다면 문제가 되지 않아요."

그때 정하가 말했다.

"그런데 말씀하신 '스스로 잘 통제 한다'는 게 참 어려운 일인 것 같아요."

"정확한 지적이에요. 스킨십을 스스로 적당한 선까지 잘 통제만하면 아무 문제가 없겠죠. 그런데 이 '적당하다는 것'에 대한 기준이 저마다 달라요. 기본적으로 남녀의 생각 차이가 있구요. 또 가정환경과 성장과정에서 오는 차이도 있거든요. 스킨십의 문제는 절대적이 아니라 상대적인 것이기 때문에 어떤 기준을 정한다는 게 상당히 어렵습니다. 하지만 어렵다는 거지 불가능하다는 것은 아니에요. 강의 끝에 내가 기준을 정해줄 테니까요. 오늘 여러분이 강의를 통해서 스킨십의 특성과 문제점 그리고 성경적인 원리 등을 알면 각자 기준을 정하는데 큰 도움이 될 겁니다."

박 목사는 강단으로 가서 물 한 모금을 마셨다.

"스킨십에는 몇 가지 특징이 있습니다. 첫째, '전진은 있어도 후퇴는 없다'는 겁니다. 뭐가 있고 뭐는 없다구요?"

"전진은 있는데 후퇴는 없습니다!"

"그래요. 스킨십은 마치 야구 경기에서 타자의 모습과 비슷합니다. 타자가 타석에 들어섭니다. 그리고 안타를 치면 반드시 1루로 진출하게 됩니다. 그리고 나서 뒤에 타자가 안타를 치면 어떻게 되죠? 1루에 있던 주자는 무조건 2루나 3루로 달려가야 합니다. 절대로 다시 거꾸로 홈으로 돌아올 수는 없습니다. 제가 무슨 말을 하려는지 대략 짐작이 가나요?"

몇 사람들이 고개를 끄덕이며 반응했다.

"스킨십도 이와 같습니다. 한번 시작되면 진도가 나가지 멈추거나 되돌아오기는 어려워요. 다시 말해서 점점 더 수위가 높아지면 높아졌지 낮아지지는 않는다는 겁니다. 예를 들어볼까요? 남녀가 만나 교제를 시작했습니다. 데이트를 하다가 기회를 봐서 손을 잡겠죠. 처음에 손잡을 때 기분이 어때요?"

"끝내줍니다!"

"하하하~"

규태의 말에 사람들이 웃었다.

"맞아요. 끝내주죠. 처음엔 손만 잡아도 두근두근 심장이 뛰고 설레고 흥분됩니다. 마음은 행복으로 충만해집니다. 그런데 시간이 지나 손잡는 게 익숙해지면 어때요? 어느새 짜릿함도 두근거림도 사라져버리죠. 그 다음은? '손잡는 것' 이상의 진도를 나가게 됩니다. 어떻게요? 어깨나 허리에 손을 두르거나 포옹을 합니다. 이때도 심장이 뛰고 온몸에 엔돌핀이 팍팍 도는 느낌이 듭니다. 그러다가 시간이 지나면요. 도희 자매?"

"싫증이 나던데요."

"크크크"

도희의 솔직한 대답에 사람들이 입을 막고 웃었다.

"정답이에요. 손잡는 게 시간이 지나면 식상해지듯 포옹도 시간이 지남에 따라 싫증이 나요. 그 다음엔 어떻게 되요? 수위가 더 올라갑니다. 키스를 하게 됩니다. 그 다음엔요? 가슴으로 가죠. 그 다음 엔요? 서로의 성기를 애무하는 단계까지 갑니다."

사람들은 계속해서 '성기' 라는 말을 듣자 당혹스러운 표정이었다.

그런 사람들을 보며 박 목사는 미소를 지었다.

"왜요? 목사가 자꾸 '성기' 얘기 하니까 당황돼요?"

사람들은 멋쩍은 표정을 지었다.

"목사가 이런 강의 잘 하지 않습니다. 그러니까 더 중요한 시간입니다. 집중해서 들으면 유익한 시간이 될 거에요. 자! 스킨십은 전진은 있어도 후퇴는 없다고 말씀드렸죠? 키스까지 갔는데 갑자가 '자기야! 우리 앞으로는 손만 잡자. 알았지?' 이게 잘 안 돼요. 이게 바로 스킨십의 특징입니다. 두 번째 특징입니다. 바로 '대화를 차단한다' 는 겁니다. 뭘 차단한다구요?"

"대화를 차단합니다!"

"그래요. 스킨십은 대화를 차단합니다. 사랑하는 사람들이 자기들의 생각이나 감정을 나누는 통로가 바로 '대화' 입니다. 그래서 사랑을 하면 얘기를 많이 하게 됩니다. 연인은 대화를 통해서 서로를 알아가고, 신뢰하게 되고, 사랑의 감정을 나누게 됩니다. 제가 돌발 퀴즈 내 볼 테니 알아 맞춰 보세요. 식당에서 밥 먹는 커플의 모습만 봐도 부부인지 연인인지 알 수 있습니다. 비결이 뭘까요?"

"누가 돈 내는지를 보면 압니다!"

주영이 자신 있게 대답했다.

"돈 내는 사람이요?"

박 목사가 의아하다는 표정으로 되물었다.

"네! 남자가 돈을 내면 연인이고, 여자가 돈을 내면 부부입니다. 왜냐하면 결혼 전에는 경제권이 남자한테 있지만 결혼하면 여자가 가지게 되니까요."

박 목사를 비롯한 다수의 사람들은 허탈한 표정으로 주영을 쳐다봤다.

"네. 놀라운 상상력이었지만 정답은 아니네요. 결혼하면 경제권이 여자에게 있는 건 맞지만 돈내는 일이 귀찮아서 남편 시키는 아내도 많으니까요. 자! 정답은 바로 '대화와 시선' 입니다. 커플이 밥 먹을 때 서로의 눈을 보며 대화를 나누면 연인이지만, 아무 말 없이 식탁만 쳐다보고 밥만 열심히 먹으면 부부랍니다. 물론 우스갯 소리이긴 하지만 결코 틀린 말은 아니라고 생각해요. 열정적인 사랑이 식을수록 대화도 줄어들게 되거든요. 특히 남자보다 여자들이 대화 나누는 것을 더 많이 원하고 좋아하죠. 그런데 스킨십이 시작되고 그 수위가 높아지면 아이러니하게도 대화는 점점 줄어듭니다. 말보다는 육체적인(?) 대화가 많아집니다. 비디오 방이든, 집이든, 차 안이든 밀폐된 공간에서 말없이 스킨십에 열중하게 되는 거죠.

이렇게 스킨십이 습관이 되다 보면 대화를 통해 나눠야 할 꼭 필요한 의사소통이 줄어들게 되고, 의사소통이 줄어들면 오해나 불만이 생깁니다. 특히 여자 쪽에서 말이죠. '이 남자가 나를 만나는 목적이 성적 욕구를 해

소하기 위해서인가?' 이런 생각을 갖게 되는 거에요. 남자의 지나친 스킨십 요구에 헤어지는 커플도 있습니다."

박 목사는 잠시 기지개를 켰다.

"요즘 운동을 안 했더니 어깨가 좀 뻐근하네요. 자! 세 번째입니다. 스킨십은 원하지 않는 섹스를 하게 합니다. 이게 무슨 말일까요? 결혼 전에 섹스는 절대 하지 않기로 약속한 커플이 있다고 칩시다. 그런데 스킨십을 하게 되고 점점 더 수위가 높아지면 어떻게 되죠? 성욕이 증가합니다. 남자만 그런 게 아니라 여자도 마찬가지에요. 특히 여자 같은 경우 유방은 제2의 성기라고도 합니다. 남자로부터 가슴을 애무당하면 섹스하고 싶은 욕구가 상당히 높아집니다. 마음은 그렇지 않았다 하더라도 말이죠. 이렇게 적극적인 스킨십을 통해 성욕이 증가하면 이성의 지배력은 약해집니다. 그러면 어떻게 될까요? 당연히 본능이 지배합니다. 남녀의 육체도 섹스를 하기에 적당한 상태로 준비되죠. 하나님이 우리 육체를 그렇게 만들어 놓으셨어요. 연인사이에 아무리 섹스하지 않기로 약속했다 하더라도 스킨십이 깊어지고 몰입하다 보면 감정과 본능적인 성욕에 이끌려 자기도 모르게 순간 넘지 말아야 할 선을 넘습니다. 그리고 후회하게 됩니다."

강의를 듣는 사람들의 표정은 진지했다.

"자! 지금까지 스킨십에 대한 특징과 문제점 몇 가지를 살펴봤는데요. 이번엔 성경적인 원리에 대해서 함께 알아보도록 하겠습니다. 먼저 고린도전서 7장 1~2절입니다. 번역본은 우리말 성경입니다. 같이 읽을까요? 시작!"

"남자가 여자를 성적으로 가까이 하지 않는 것은 좋습니다. 그러나 음행에 빠지게 하는 유혹이 있기 때문에 남자마다 자기 아내를 두고 여자마다 자기 남편을 두십시오."

"잘 읽었어요. 이해하기 쉽게 문장을 재배열해 보면 '남자와 여자가 음행에 빠질 만큼 유혹이 생기는 단계까지 성적으로 가까이 하지 않는 것이 좋다'는 겁니다. 이것이 무슨 의미일까요? 지나친 성욕을 유발하는 스킨십은 하지 말라는 겁니다. 왜냐하면 넘어서는 안 될 선까지 넘도록 하게 만드는 유혹이 생기기 때문이죠. 물론 이것도 사람들마다 느끼는 것이 다르기 때문에 딱 이거다 하기는 좀 그렇습니다. 어떤 사람은 손만 잡아도 성욕이 발동되기도 한다니까요."

"큭큭큭"

몇몇 사람들이 작은 소리로 웃었다.

"성경구절을 몇 개 더 찾아보도록 하겠습니다. 데살로니가전서 4장 3절입니다. 제가 읽어 드릴게요. '하나님의 뜻은 이것이니 너희의 거룩함이라 곧 음란을 버리고'(개역개정)입니다. 이 구절을 쉬운 성경 번역으로 읽어 볼까요? '하나님께서는 여러분이 성적인 모든 죄를 피하고 거룩하고 순결하게 살기를 원하십니다.' 하나님은 우리가 성적인 죄를 짓지 말라고 분명히 성경을 통해 말씀하셨습니다."

사람들은 성경구절을 열심히 받아적었다.

"한 구절만 더 볼게요. 에베소서 5장 3절입니다. '음행이나 온갖 추행이나 탐욕에 찬 말은 입에 담지도 마십시오. 그래야 성도로서 부끄럽지 않을 것입니다.' (공동번역) 하나님의 자녀로서 부끄럽지 않으려면 입을 깨끗하게 해야 합니다. 하물며 우리 몸이야 더 말할 나위가 없겠죠?"

박 목사는 강단에서 내려와 가운데에 섰다.

"사람들은 개인차가 있기 때문에 모두가 만족할 만한 기준을 제시한다는 건 불가능합니다. 하지만 어느 정도 보편적인 기준은 제시할 수 있다고 봅니다. 자! 이제부터 제가 애정남은 아니지만 스킨십에 대한 애매한 기준을 정해드리도록 하겠습니다. 물론 제 기준을 넘는다고 해도 경찰 출동 안합니다. 쇠고랑 안 찹니다. 하지만 하지 말아야 할 행동은 하지 않는 것이 그리스도인들의 에티켓입니다 잉~"

"하하하하~"

박 목사의 어설픈 애정남 흉내에 사람들은 웃음으로 반응했다.

"웃기지 않은데 웃어줘서 고마워요. 자! 연인들의 스킨십의 기준! 정해드립니다. 결혼 전에는 포옹이나 키스까지만 되고 그 이상은 안 됩니다. 그 이상 진도나가고 싶으면 꼭 결혼한 다음에 하세요. 이렇게 정한 겁니다. 됐죠? 이해 가시죠?"

"넵!"

남자들이 힘차게 대답했다.

"스킨십에 대해서 끝으로 한 마디만 더 할게요. 일상생활 속에서 운전

하다 보면 횡단보도 앞 정지선은 반드시 지켜야 합니다. 마찬가지로 우리 몸에도 지켜야 할 정지선은 분명히 존재합니다. 아무리 사랑하는 연인 사이라 할지라도 상대방이 마음속으로 생각하는 정지선은 넘지 않는 것이 진정한 사랑입니다. 그런 배려가 있을 때 사랑은 더 오래갑니다. 그리고 충동적인 성욕 때문에 받게 되는 상처도 덜할 거구요."

박 목사는 기지개를 키며 말했다.

"자! 우리 잠깐 10분만 쉬었다가 할게요. 스트레칭도 하시고 잠시 후에 만나요!"

사랑의 팁 다섯

상대방을 잘 알면 행복한 결혼할 수 있습니다

사랑해서 결혼했는데 결혼하고 나서 후회하거나, 심지어 이혼하게 되는 이유는 무엇일까요?

상대방을 제대로 파악하지 못하고 결혼하게 되는 경우입니다. 물론 아무리 노력해도 상대방의 모든 것을 다 파악하고 결혼하는 건 불가능에 가깝습니다. 왜냐하면 1년을 만나도, 10년을 만나도 연애를 통해서는 절대로 발견되지 않는 부분들이 존재하니까요.

하지만 상대방에 대한 중요한 것들은 대략적으로 파악하는 것이 가능합니다. 그의 신앙 수준은 어떤지, 직장에서의 성실성이나 능력은 어떤지, 기본적인 성품이나 버릇 등에 관해서는 주의 깊게 살펴보기만 하면 대략적인 파악은 가능합니다. 왜 상대방에 대한 주의 깊은 파악이 필요할까요? 행복한 결혼생활을 위해서입니다. 결혼은 연애와 달라서 하게 되면 연애할 때처럼 쉽게 헤어지기 어렵기 때문이죠.

제가 이런 얘기를 하면 어떤 사람은 '목사님! 너무 계산적인 거 아닌가요?'라고 할지도 모르겠습니다. 물론 그렇게 생각할 수도 있을 겁니다. 하지만 조금만 더 생각해 보세요. 그러면 제가 왜 이런 말을 하는지 아실 겁니다. 결혼은 장난이 아닙니다. 시험도 아닙니다. 일생일대에 단 한 번 해야 할 중요한 의식입니다. 하나님이 원하시는 가정을 만드는 일입니다.

배우자는 좋으나 싫으나 평생 함께해야 할 대상입니다. 한번 하면 물려서는 안될 결혼이기에 상대방을 잘 아는 건 중요합니다. 만약 당신에게 전 재산 1억이 있다고 가정해 봅시다. 그러면 그 돈을 잘 모르는 펀드매니저에게 재산을 증식시켜달라고 투자하시겠습니까? 절대 그럴 수 없을 겁니다. 잘 알고 신뢰가 가는 펀드매니저가 있다면 그에게 맡길 겁니다.

혹시라도 그런 사람이 있다면 어리석은 사람이라고 주위에서 손가락질 받을 겁니다. 결혼도 마찬가지입니다. 남자든 여자든 상대방을 제대로 파악하지 않은 채 겉으로 보여지는 외적인 요소만 보고 덥석 결혼해버린다면 어리석은 사람입니다.

지금까지 내가 혼자 살아온 날보다 둘이 함께 살아가야 할 날이 훨씬 더 길 것이기 때문에 결혼은 신중해야 할 필요가 있는 거죠. 따라서 결혼하기에 충분하다는 확신이 들기 전에 상대방에게 모든 감정을 투자하지 마세요.

상대방을 잘 알면 행복한 결혼을 할 수 있다는 사실을 꼭 기억하세요!

12화
혼전 성관계

　10분의 휴식 시간은 금방 지나갔다. 박 목사가 강단으로 나가자 사람들은 하나둘씩 제자리로 가서 앉았다.

　"쉬는 시간이 좀 짧았죠? 그래도 길게 쉬고 늦게 끝나는 것보다 짧게 쉬고 일찍 끝나는 게 나을 것 같아서 그런 거니까 이해하세요. 이어서 강의할게요. 강의 주제는 '혼전 성관계'입니다. 다행스럽게 혼전 성관계에 대해서는 성경이 분명한 기준을 제시해주고 있기 때문에 별로 헷갈릴 건 없어요. 하지만 이번 기회에 자세히 알면 도움이 될 테니 잘 들어보세요."

　박 목사는 사람들을 빙 둘러보고는 말을 이어 나갔다.

　"2012년 1월, 한 일간지에서 대학생 성의식 조사 결과를 발표 했습니다. '남학생(61.3%), 여학생(59.0%)은 사랑한다면 혼전 성관계를 할 수 있다'고 대답했습니다. '애정 없이 혼전 성관계를 할 수 있다'

는 질문에도 남학생(33.2%) 여학생 (29.5%)이 '그렇다' 고 대답했답니다.

물론 '할 수 있다' 라고 대답한 것이지 현재 '하고 있다' 라고 대답한 건 아닙니다. 따라서 실제로 혼전 성관계를 경험한 사람들의 비율은 이 조사보다는 낮을 겁니다. 하지만 이런 통계로 미루어 볼 때 젊은이들의 혼전 성관계에 대한 생각은 과거에 비해 개방적으로 변한 건 사실입니다. 크리스천들도 예외가 아니에요. 결혼식장 가보세요. 임신한 후에 결혼하는 크리스천 커플들이 점점 많아지고 있으니까요. '혼전 성관계' 에 관한 문제가 남의 일이 아닙니다. 우리와 상당히 밀접한 관계고 현실적인 문제이기도 합니다. 그러면 혼전 성관계가 가져오는 문제점이 무엇인지 살펴보도록 하겠습니다. 잘 들으세요." 박 목사는 진지한 표정을 지으며 말했다.

"첫째 혼전 성관계는 더 깊은 사랑이 아니라 이별을 가져옵니다. 뭘 가져온다구요?"

"이별을 가져옵니다."

사람들은 한 목소리로 말했다.

"그렇습니다. 더 깊은 사랑 대신 이별을 가져오는 경우가 많습니다. '여자는 사랑을 지키기 위해서 섹스를 하지만, 남자는 섹스를 하기 위해서 사랑을 한다.' 는 말이 있습니다. 다른 말로 바꾸면 여자에게 있어서 섹스는 시작을 의미하지만 남자에게 있어서 섹스는 마지막을 얘기한다는 거죠. 같은 '섹스' 라는 단어에 대해서도 남자와 여자의 생각차이는 큽니다. 남자들은 대게 사랑과 섹스를 분리해서 생각합니다. 따라서 사랑하지 않는 사람과도 얼마든지 섹스가 가능하죠. 또 남자가 어떤 여자를 사랑한다고 생각했을 때 70~80%는 섹스하고 싶다는 '성욕'이고 사랑한다는 '감정'은 20~30%에 불과한 경우가 많습니다. 반면에 여자는 사랑과 섹스를 통합적으로 생각합니다. 따라서 여자는 사랑하지 않는 사람과 섹스하는 것이 어렵습니다. 물론 어렵다는 거지 불가능하다는 건 아니에요. 또 여자가 어떤 남자를 사랑한다고 생각했을 때 70~80%는 사랑한다는 '감정'이고, 섹스하고 싶다는 '성욕'은 20~30%에 불과합니다. 물론 사람에 따라 개인 차이는 있겠지만요. 어때요? 솔로 형제! 사랑에 대한 남녀의 이런 차이에 대해서 들어본 적 있어요?"

"어느 정도 차이가 날 거라고 짐작하기는 했었지만 이렇게 차이가 날 줄은 몰랐습니다." 약간 놀란 얼굴로 솔로가 대답했다.

"남녀의 차이가 생각보다 큽니다. 그러니까 '화성에서 온 남자, 금성에서 온 여자'라는 제목의 책도 있잖아요. 연애를 할 때 여자의 목표는 감정적인 사랑의 완성이지만 남자는 섹스인 경우가 많습니다. 그걸 어떻게 알 수 있을까요? 규태 형제?"

"그…글쎄요. 제…제가 경험이 없어서…."

귀 밑까지 빨개진 규태가 말을 더듬었다.

"너무 갑작스런 질문이었죠? 정답은 섹스 이전과 이후의 행동 변화를 보면 압니다. 성관계를 갖기 전까지는 남자가 여자보다 더 많이 사랑하는 것처럼 보입니다. 대부분 남자들이 먼저 대시하고, 더 적극적이고 잘 대해주려고 무척 노력합니다. 마치 사냥꾼이 사슴을 발견하고 잡기 위해서 열심히 사냥터를 뛰어다니는 것처럼 말이죠. 물론 이때까지만 해도 여자들은 많이 수동적입니다. 그러다가 성관계를 갖게 되면 상황은 역전됩니다. 여자는 남자에 대해 더 애착을 갖기 시작합니다. 어느 책에 보니까 여자는 섹스하고 나면 '몸 정'이란 게 생긴다더라구요. 그래서 여자는 섹스를 나눈 남자와 '좋아한다'는 정서적 관계를 맺고 싶어 해요. 쉽게 얘기하자면 섹스 이후에 남자를 더 좋아하게 된다는 말입니다. 또 어떤 사람은 남녀가 섹스를 하면 영적인 끈이 묶인다고도 합니다. 여러분, 혹시 '소울 타이'라는 말을 들어보셨나요?"

사람들은 처음 들어본 듯했다.

박 목사는 사람들을 보며 강의를 계속해 나갔다.

"소울 타이라는 말은 결혼과는 상관없이 성관계를 나눈 남녀가 영적으로 연결된다는 겁니다. 물론 긍정적인 연결이 아니라 부정적인 연결을 의미하는 거겠죠? 이건 여기까지만 하구요. 여하튼 섹스 이후 여자에 대한 남자의 태도는 수동적으로 바뀝니다. 왜요? '섹스'라고 하는 목표를 이루었기 때문이죠. 그 순간, 사랑이라고 생각했던 감정은 급격히 식습니다. 결국 먼저 이별을 선언합니다. 그리고 다른 여자를 찾아가는 거죠. 이때 여자가 느끼는 배신감은 대단히 큽니다. 성경에 보면 제가 방금 말씀드린 것과 비슷한 이야기가 나옵니다. 혹시 들어본 적 있나요?"

"성경에 그런 이야기도 나오나요? 처음 들어보는데요?"

명진이 놀라 대답했다.

"그럼요. 성경에 이런 이야기도 나옵니다. 바로 다윗의 큰아들 암논과 딸 다말의 이야기입니다. 내용을 간단하게 정리해보면 이렇습니다. 암논이 배다른 누이동생 다말을 보고 사랑에 빠집니다. 얼마나 사랑했는지 상사병을 앓을 정도였죠. 그 사실을 알게 된 요나답이 나쁜 꾀를 알려줍니다. 병든 체해서 다말에게 간식거리를 만들어 오게 한 다음 침실로 유인하라고 말이죠. 암논은 그 말대로 합니다. 아버지 다윗에게 부탁해 다말이 자기 병문안을 오게 합니다. 그리고는 다말을 자신의 침실로 불러들인 후에 강제로 겁탈합니다. 그런데 중요한 건 그 다음입니다. 겁탈한 후에 다말에 대한 암논의 마음이 180도 바뀝니다. 어떻게요? 너무 미워졌습니다. 꼴보기도 싫어진 거죠. 고통스러워하는 다말을 집 밖으로 내쫓습니다. 다말을 사랑했다면 강간을 했더라도 결혼했어야 합니다. 그래야 보호받을 수 있으니까요. 그런데 암논은 그렇게 하지 않았습니다. 어떻게 이런 일이 일어날 수 있었을까요? 어떻게 일주일도 아니고 한 순간에 열정적인 사랑에서 지독한 미움으로 바뀌게 된 걸까요?"

박 목사는 사람들을 강렬한 눈빛으로 바라봤다.

"그 해답이 바로 '섹스'에 있습니다. 만약 암논이 다말과 성관계를 하지 않았다면 어떻게 되었을까요? 심적으로는 고통스러웠을지라도 여전히 다말에 대한 뜨거운 사랑은 품고 있었을 겁니다. 그런데 섹스 이후에, 물론 합의하에 이루어진 것이 아니라 강제로 범한 것이었지만 암논의 마음이 완전히 변했잖아요. 이런 것으로 추측해볼 때 우리는 암논이 사랑이라고 생각했던 것의 실체를 파악할 수 있습니다. 그것은 바로 '사랑'이 아니라 '성욕'이었던 거죠. 비록 암논 본인은 '사랑'이었다고 생각했을는지도 모르겠습니다만 그건 틀림없는 성욕이었습니다. 성욕이 채워지자 한 순간에 지독하게 미운 감정이 사랑이 빠져나간 자리를 채워버리고 만 겁니다."

박 목사는 강단에 놓인 컵을 들어 물을 한 모금 마셨다.

"얼마 전에 지인을 통해 들은 이야기입니다. 20대 초반의 아가씨가 있었습니다. 모태신앙인이었습니다. 주일 출석은 물론이고 주일학교에서 반주로 봉사도 했습니다. 그런데 술과 남자를 좋아했습니다. 그러다가 친구를 통해 한 남자를 소개받았습니다. 자기보다 7살 많은 남자였는데 첫눈에 반해버렸습니다. 남자도 그 아가씨에게 사랑한다고 말했습니다. 데이트를 시작했습니다. 일주일도 안 돼서 스킨십이 점점 진해집니다. 데이트 장소를 밀폐된 곳으로만 정해 데려갔습니다. 그래도 여자는 서로 사랑한다고 믿었기 때문에 쉽게 스킨십을 허용했습니다. 불과 2주 만에 남자는 성관계를 요구했습니다. 어떻게 됐을까요? 추측해 보세요. 명진 자매?"

"거절했을 것 같은데요?"

박 목사는 고개를 끄덕이며 대답했다.

"그랬으면 정말 좋았겠지요. 그런데 여자는 남자의 요구를 거절하지 않았습니다. 왜요? 남자가 자신에게 그토록 원하는 섹스가 둘 사이를 더 견고하게 묶어줄 거라고 생각했기 때문입니다. 그렇게 함께 밤을 지냈습니다. 그런데 그 다음부터 남자의 태도가 달라졌습니다. 전화를 잘 안 받기 시작합니다. 그전에는 만나자고 남자 쪽에서 먼저 전화가 왔지만 이제는 여자가 만나자고 해도 바쁘다는 말로 거절합니다. 결국 며칠 후 여자는 남자의 얼굴도 보지 못하고 전화로 이별을 통보 받았습니다. 어떻게 그럴 수 있냐고 만나서 얘기하자고 울며불며 매달려봤지만 얼음처럼 차가운 남자의 'NO' 라는 대답만 들었습니다. 여자는 신중하지 못했던 자신의 경솔한 행동을 후회했지만 이미 엎질러진 물이었습니다. 이런 사례들은 굉장히 많습니다. 여러분! 정말 사랑하는 사람과 아름다운 관계를 유지하고 싶으세요? 그렇다면 여자들이여, 섹스는 결혼 후로 미뤄야 합니다. 남자들이여, 결혼 전에 섹스를 요구하지 마세요. 그것이 지혜로운 행동입니다.

자! 두번째입니다. 따라해 볼까요? 혼전 성관계는 '임신과 낙태의 위험이 있다.'"

"임신과 낙태의 위험이 있다!"

"그렇습니다. 성관계에는 반드시 임신의 가능성이 따릅니다. 우리나라처럼 피임에 대한 교육이 잘 되어 있지도 않고 피임을 반드시 해야 한다는 의식도 없는 경우는 임신할 확률이 더 높아집니다. '질외 사정을 하면 임신이 안된다' 는 잘못된 상식을 가지고 있는 청년들도 많습니다. 잘 알아두세요. 질외 사정을 해도 임신할 수 있습니다. 어쨌든 이렇게 피임을 하지 않고 성관계를 갖기 때문에 임신하게 되고 해마다 엄청난 숫자의 미혼모들이 생겨납니다. 여러분들은 찍는 것도 잘 하는 것 같은데 한번 맞춰 봅시다. 1년 동안 임신중절을 하는 숫자는 얼마나 될까요? 용하 형제?"

용하가 고개를 갸웃 거리며 대답했다.

"글쎄요. 한 3만 명 정도 될까요?"

"그 정도만 되도 정말 양호하겠죠. 통계에 의하면 우리나라 전체 가임 인구 1천 71만 명을 기준으로 임신 중절자 수는 2010년 16만 9천 명으로 나타났습니다."

사람들은 박 목사의 말에 깜짝 놀라는 표정들을 지었다.

"그런데 이건 공식적인 통계입니다. 비공식적으로 낙태하는 사람들의 숫자는 이 보다 몇 배 많겠죠. 그렇다면 우리나라는 매 년, 수십 만 건의 낙태가 이루어진다고 추측할 수 있을 거예요. 이 정도면 대한민국은 낙태 공화국이라 해도 과언이 아닐 겁니다. 임신은 한 생명이 '탄생'하는 것이고, 낙태는 한 생명을 '살인'하는 행위입니다. 그뿐인가요? 낙태는 평생 몸과 마음과 영혼에 지울 수 없는 상처를 남깁니다. 불행 중 다행이라는 표현이 어울릴지 모르겠지만 결혼할 생각까지는 없었는데 임신 때문에 어쩔 수 없이 결혼하는 커플도 있습니다. 이런 결혼은 축복일까요? 저는 절대 아니라고 생각합니다. 결혼을 생각하지 않았는데 아이가 생겨 '사랑해서'가 아니라 어쩔 수 없는 '책임감' 때문에 결혼한다면 반드시 후유증이 따릅니다. 어떤 후유증일까요? 살다 보면 부부 관계에 문제가 생기고 힘들어질 때가 있습니다. 그럴 때 비난의 화살을 상대방에게 돌리기도 하지만 자식에게 돌리는 경우도 많습니다. 저 인간하고 결혼할 생각이 꿈에도 없었는데 내가 너 때문에 결혼까지 하게 되었노라고 말이죠. 낙태는 말할 것도 없고, 임신 때문에 하는 결혼도 결코 바람직하지 않습니다.

세 번째 따라할까요? 영적인 분리를 가져온다."

"영적인 분리를 가져온다!"

"혼전 성관계는 분명한 죄죠. 죄는 하나님과 사람 사이에 단절을 가져옵니다. 이사야 59장 1~2절을 우리말 성경으로 같이 읽겠습니다. 시작!"

"보라 여호와의 손이 너무 짧아서 구원하지 못하시는 것이 아니다. 귀가 너무 어두워서 듣지 못하시는 것이 아니다. 너희의 죄악이 너희와 너희 하나님 사이를 갈라 놓았을 뿐이다. 너희의 잘못이 하나님의 얼굴을 가렸기 때문에 하나님께서 너희의 말을 듣지 않으실 뿐이다."

"잘 읽었습니다. 성관계는 '결혼'이라는 울타리 안에서만 가능합니다. 그렇기 때문에 혼전 성관계는 죄가 됩니다. 우리가 죄를 범할 때 그 죄는 하나님과 우리 사이를 가로막는 벽이 됩니다. 하나님과 죄를 범한 인간 사이에 벽이 생길 때 어떤 문제가 생긴다고 성경이 말씀하고 있나요?"

"우리가 아무리 열심히 기도해도 하나님께서 듣지 않으십니다."

규태가 말했다.

"규태 형제가 정확하게 말해줬어요. 하나님의 도우심이 필요한 위기의 순간에 열심히 기도한다 해도 안 들어주신다는 겁니다. 하나님이 무능해서가 아니라 인간의 죄가 하나님의 얼굴을 가려버렸기 때문입니다. 혼전 성관계는 하나님과 인간 사이를 갈라놓고 신앙생활에도 방해가 됩니다. 주의 일을 할 때, 예배드릴 때, 찬양할 때에 신앙양심이 찔립니다. 이런 행위가 반복되다 보면 하나님과 단절을 경험합니다. 마음이 불편해집니다. 결국 이런 죄책감 때문에 하나님과 멀어지고 영적 성장도 멈추게 됩니다. 교회 다니는 청년들 중에서도 혼전 성관계를 경험하는 일이 점점 더 늘어나고 있습니다. 참으로 안타까운 일입니다. 죄는 이렇게 무섭습니다. 다윗은 이런 사실을 잘 알고 있었기 때문에 밧세바와 간음한 후에 나단 선지자의 지적을 받고는 침대가 썩도록 눈물로 회개했습니다. 왜요? 하나님과의 단절만큼 무서운 것이 없다는 사실을 알고 있었거든요. 자! 다른 구절도 찾아볼까요? 고린도전서 6장 18절입니다. 시작!"

"음행을 피하십시오. 사람이 저지르는 죄마다 자기 몸 밖에 있으나 음행하는 사람은 자기 몸에 죄를 범하는 것입니다."

"음행은 다른 죄와 달리 자기 몸에 죄를 범하는 겁니다. 자기 몸에 죄를 범한다는 것이 어떤 의미일까요? 현란 자매는 어떻게 생각하세요?"

잠시 생각하던 현란이 대답했다.

"성경에 보면 우리 몸은 곧 거룩한 '하나님의 성전'이라고 말씀하고 있잖아요. 자기 몸에 죄를 범한다는 것은 하나님의 성전을 더럽히는 것과 같은 의미가 아닐까요?"

현란의 말을 듣던 박 목사의 얼굴엔 감탄의 빛이 역력했다.

"와~ 정말 대단해요. 꽤 수준 높은 질문이었는데 말이죠. 내가 말하려던 것을 그대로 말했어요."

박 목사의 칭찬에 사람들은 현란을 부러운 눈으로 쳐다봤다.

"방금 현란 자매가 말한 것처럼 음행은 몸에 죄를 짓는 겁니다. 즉 하나님의 성전에 죄를 범하는 일입니다. 아무리 예쁜 머그컵도 더럽고 지저분하면 커피를 담을 수 없잖아요. 마찬가지에요. 우리가 겉으로는 아무리 고상해 보여도 우리의 몸 된 성전을 더럽게 사용하고 있다면 하나님께서는 은혜와 복을 부어주실 수 없다는 사실, 꼭 기억하길 바래요. 마지막으로 한 절만 더 볼게요. 로마서 12:2인데 제가 읽어 드리겠습니다. '너희는 이

세대를 본받지 말고 오직 마음을 새롭게 함으로 변화를 받아 하나님의 선하시고 기뻐하시고 온전하신 뜻이 무엇인지 분별하도록 하라.'"

박 목사는 강단으로 돌아가 사람들을 바라봤다.

"하나님은 오늘 우리에게 분명히 말씀하십니다. '이 세대를 본받지 말라'구요. 이 세대가 어떤 세대인데요? 하나님이 인생의 주인이라고 입술로 고백하면서도 자기 마음대로 살아가는 세대, 교회 다닌다고 하면서도 성적으로 문란한 것에 대해서 아무런 죄책감도 느끼지 않는 세대가 바로 오늘날 우리의 모습입니다. 주님은 그런 모습을 원하지 않으십니다. 아무리 이 세대가 엉망으로 살아간다 하더라도 우리는 하나님의 뜻이 무엇인지 분별해서 바른 삶을 살아가야 합니다. 동의하시죠?" "아멘!"

"이제 강의를 마치겠습니다. 혼전 성관계는 이별을 가져옵니다. 임신과 낙태의 위험이 있습니다. 영적인 분리를 가져옵니다. 분명히 아셨죠? 혹시 이 가운데 계신 분들 가운데 과거에 성적인 실수를 했다 하더라도 이제부터는 동일한 실수를 하지 않도록 노력해야 합니다.

성적인 유혹이 찾아올 때 말씀을 붙잡으세요. 죄가 가져다주는 고통의 열매를 생각하세요. 남자분들께 부탁드립니다. 상대방을 사랑한다면 지켜주세요. 그게 진정한 사랑입니다. 그것이 진정한 남자다움이구요. 여자분들도 마찬가지에요. 상대방을 사랑한다면 쉽게 허락하지 말고 지키세요. 그게 지혜롭고 오래가는 사랑이니까요. 앞으로 연애를 시작할 때 혼전 성관계가 가져오는 문제들과 하나님의 말씀을 생각해서 지혜롭게 행동하는 여러분 되시기 바랍니다."

사랑의 팁 여섯

드라마가 주는 환상에서 벗어나라

남자들에 비해서 여자들은 '드라마'를 참 좋아합니다. 멀리 갈 것도 없어요. 내 아내만 봐도 그렇다는 것을 분명히(?) 알 수 있으니까요.

요즘 인기를 끄는 드라마의 내용은 대부분 비슷비슷합니다. 가정 환경이 어렵지만 얼굴과 몸매가 되며 성격도 당찬 여자와 이기적인데다가 성격은 지랄(?) 같지만 키 크고 얼굴도 잘생긴 데다 재벌 2세인 남자가 주인공으로 등장합니다.

이들은 아주 우연한 기회에 서로의 신분을 잘 모른 채 연애를 시작하게 됩니다. 하지만 그 사랑을 알게 된 남자의 부모로부터 온갖 수모를 겪게 되죠. 여자는 사랑을 포기하려 하지만 너무나도 잘난 그놈(?)은 절대 여자를 포기하지 않습니다. 이런 우여곡절 끝에 그들의 사랑은 인정받게 되고 결국 결혼까지 골인하게 됩니다. 뭐 드라마라는 게 대부분 이런 거 아닌가요?

여자들은 이런 드라마를 보면서 대리만족을 느낍니다. 자신과 여

주인공을 동일시하는 거죠. 결혼한 유부녀들이든 결혼하지 않은 처녀들이든 간에 자신의 현실과는 전혀 다른 드라마속의 세계에 빠져 마치 자기 자신이 주인공이 된 양 감정이입을 하며 텔레비전 앞에서 울고 웃으며 많은 시간을 투자하곤 합니다.

결혼한 여자들은 드라마가 끝나는 순간 그 여운이 그리 오래 가지 않습니다. 왜냐하면 당장 펼쳐져 있는 삶의 마당이 있거든요. 아이들, 남편 빨래도 돌려야지, 드라마 보느라 하지 못한 청소도 마무리해야 하니까요. 문제는 아가씨들입니다. 결혼하지 않은 아가씨들은 드라마가 끝나고 나서도 여운이 쉽게 가시지 않습니다. 상상의 나래가 계속해서 2탄, 3탄으로 펼쳐집니다. 그러다 보면 이상과 현실이 마구 오버랩 되면서 섞이기 시작합니다. 장자에 나오는 '호접몽' 처럼 자기가 나비 꿈을 꾸고 있는 건지 나비가 인간 꿈을 꾸고 있는 건지 구분이 안 됩니다.

백마 탄 왕자를 만날 수 있다는 희망을 계속해서 품게 됩니다. 자기 안에 숨겨진 내면의 아름다움을 발견하고 감탄하며 모든 사랑을 쏟아 부을 그런 매력남이 어디엔가 기다리고 있을 거라는 믿음이 잘 포기되지 않게 됩니다. 조금만 더 기다리면 백마 탄 왕자 '현빈' 같은 키 크고, 잘생기고, 돈 많은 남자가 자기를 보고 한눈에 사랑에 빠져 프러포즈해올 것 같다는 실낱 같은 기대를 가지고 하루하루를 삽니다.

이런 기대를 가지고 사는 건 자기 맘이니 뭐라고 태클 걸고 싶은 생각은 별로 없습니다마는 문제는 현빈 같은 수준의 매력남 기다리고 있다면 적어도 자기 자신은 '하지원' 급의 미모와 몸매를 갖추고 있느냐는 질문을 드리고 싶습니다. 너무 직설적인 지적질(?)이었나요? 남자도 마찬가집니다. 인물도, 직업도, 성격도 내세울 것 하나 없으면서 연예인급 외모의 여자를 원한다면 결혼은 포기하고 꿈만 꾸고 사는 게 훨씬 더 현실적인 겁니다.

아직도 시집가지 못한 채 나이만 먹어가는 노처녀들이여! 이제 그만 백마 탄 왕자에 대한 환상은 버리는 게 어떨까요?

다시 한번 부탁하노니 드라마가 주는 환상에서 벗어나 현실에 발을 딛고, 자신과 잘 어울릴 만한 남자를 찾아보세요. 결혼에 한 걸음 더 성큼 다가가게 될 테니까요.

결국 현재 자기 상황을 제대로 파악한다면 내가 '반드시'라고 생각하는 조건들이 꼭 '반드시'는 아닐 수도 있다는 것을 발견하게 될 것이고, 조금 더 현실에 맞는 기준들을 세울 수 있을 겁니다. 그러다 보면 조만간 결혼에도 골인할 수 있겠죠?

13화
솔로, 박 목사의 조언을 구하다

모임이 끝나자 사람들은 여느 때처럼 함께 자리를 정리했다. 그때 솔로가 박 목사에게 다가갔다.

"목사님! 혹시 내일 저녁에 시간 있나요?"

박 목사는 웬일인가 하는 표정으로 솔로를 쳐다봤다.

"내일이면 주일이죠? 저녁에 특별한 약속은 없어요. 왜요?"

"괜찮으시면 제가 식사 한 번 대접하려구요. 드릴 말씀도 있고…."

솔로가 웃으며 말했다.

박 목사 역시 미소를 지으며 대답했다.

"그래요. 만나요. 밥보다는 뭔가 하고 싶은 얘기가 있는 것 같네요. 일단 장소는 양정역 주변으로 하죠."

"그럼, 내일 저녁에 뵙겠습니다."

꾸벅 인사를 한 솔로는 다른 이들이 정리하고 있는 곳으로 달려갔다.

다음날이었다.

솔로와 박 목사 부부는 양정역에 있는 일식 돈까스 집에서 만나 식사를 마치고 카페로 왔다.

박 목사는 갓 추출한 에스프레소에 뜨거운 물을 부어 아메리카노를 만들었다.

돈까스로 약간 느끼해진 속을 개운하게 해주는 데는 아메리카노만한 것이 없었다.

향긋한 커피 향을 음미하고 있는 솔로를 보며 박 목사가 물었다.

"덕분에 맛있는 저녁 잘 먹었어요. 할 얘기는 뭔가요?"

"실은 이 모임 안에서 좋아하는 자매가 생겼습니다."

솔로의 고백을 듣는 순간 박 목사의 눈이 반짝였다.

"아주 흥미 있는 이야기네요. 누구에요?"

"같은 조에 있는 정하 자매입니다."

박 목사의 눈이 반짝였다.

"정하 자매라… 좋네요. 둘이 따로 데이트는 해본 적이 있구요?"

"따로 만난 건 한 번이구요. 이틀에 한 번씩 문자 주고받는 정도에요."

솔로의 말을 듣던 박 목사는 미소를 지으며 고개를 끄덕였다.

"어쨌든 데이트도 한 번 했고 가끔 문자도 주고받는 사이라는 거죠? 일단 축하해요. 내가 볼 땐 둘이 잘 어울려요."

솔로는 둘이 잘 어울린다는 말을 듣자 기분이 좋아졌다.

"앞으로 정식으로 사귀게 될지 아니면 이러다 그냥 흐지부지 될지는 잘 모르겠지만 일단 목사님께 말씀드리는 게 좋을 것 같다는 생각이 들었습니다."

"잘했어요. 내가 모르는 것보다 아는 게 어떻게든 도움이 되면 됐지 불리할 일은 없어요."

"그건 그렇고 이번엔 목사님의 조언이 필요합니다."

"내 조언이라… 그래요 어떤 부분에 대해 조언을 해드릴까요?"

커피를 마시며 박 목사가 말했다.

"다름이 아니라 목사님께서 저를 좀 코치해 주셨으면 하구요. 목사님께서 그동안 저를 한 달 넘게 봐오셨잖아요. 물론 따로 만난 건 이번이 처음이라 세부적인 사항까지는 잘 모르시겠지만 그래도 목사님께서 보시기에 제가 외적으로 내적으로 보완해야 할 부분이 어떤 것인지 말씀해주시면 감사하겠습니다."

솔로의 진심어린 부탁에 박 목사는 커피잔을 내려놓고 솔로의 눈을 쳐다봤다.

"생각했던 것보다 용기 있네요. 이런 부탁하기가 쉽지 않았을 텐데요."

"네. 실은 저도 많이 망설였습니다. 그러다가 이렇게 부탁드리지 않으면 평생 제 단점을 고치기가 어렵고, 단점이 안 고쳐지면 장가도 못갈 것 같아서요. 저 각오하고 왔으니까 솔직히 있는 그대로 말씀해 주세요."

박 목사는 기뻤다. 그리고 솔로가 누구를 만나든 좋은 만남을 이어갈 수 있겠다는 확신이 들었다.

"그래요. 그럼 몇 가지만 말씀드릴게요. 대신 아주 솔직하게요."

"감사합니다, 목사님!"

솔로의 목소리에는 긴장과 감사가 묻어있었다.

"먼저 외모를 더 매력적으로 바꿔보세요. 솔로 형제는 머리부터 발끝까지 지금보다 더 세련된 스타일로 바꿀 필요가 있어요. 난 솔로 형제가 첫 모임 때 어떤 복장으로 왔는지 기억하고 있어요."

박 목사의 말에 솔로의 가슴이 뜨끔했다.

"사람들도 많았는데 제 옷차림을 어떻게…."

"그날 티셔츠에 청바지 입고 운동화 신고 왔죠?"

솔로는 창피해서 얼굴이 홍당무처럼 빨개지기 시작했다.

"난 그날 솔로 형제 옷차림보고 깜짝 놀랐어요. 첫째는 얼굴이 동안도 아닌데 옷차림은 애들처럼 입은 모습이 너무 안 어울려서 놀랐고, 둘째는 배우자를 만날 수도 있는 중요한 자리에 그런 옷차림으로 왔다는 사실에 놀랐답니다."

박 목사의 직설적인 지적에 솔로는 식은땀을 흘렸다.

"목사님! 실은 제가 양복을 입고 오려다가 청바지에 티셔츠를 입어야 더 젊어 보일 것 같아서 그랬습니다."

"솔로 형제의 생각, 충분히 이해해요. 하지만 캐주얼한 복장이라고 무조건 젊어 보이는 건 아니에요. 자기 나이와 얼굴에 잘 어울리는 옷을 입어야죠. 헤어스타일도 마찬가지예요. 2대8 가르마는 아니지만 거의 아저씨 헤어스타일이잖아요. 머리 이발소에서 자르죠?"

"어떻게 아셨어요? 미용실은 가기가 쑥스러워서…."

박 목사는 그럴 줄 알았다는 듯 혀를 차며 말했다.

"어떻게 알긴요. 딱 보면 알죠. 하지만 괜찮아요. 이제부터는 더 멋지게 변할 일만 남았으니까요. 일단 세련되게 옷을 맞춰 입는 방법을 알려줄까요?"

세련되게 변하는 방법을 알려준다는 박 목사의 말에 솔로는 귀가 번쩍 띄였다.

"목사님! 꼭 좀 알려주십시오. 다음에 또 식사 대접하겠습니다."

박 목사가 웃으며 말했다.

"밥 더 안 사줘도 말해줄 테니 걱정 말아요. 옆에 조언해줄 여자 친구도 없는 싱글남이 세련된 스타일로 변하는 방법은 생각 외로 간단합니다."

"방법은요?"

"전문가의 조언을 따르면 됩니다."

"전문가라 하심은…."

"너무 어렵게 생각할 필요 없어요. 옷을 사 입으려면 어떻게 해요? 옷가게에 가야죠? 옷가게 가면 누가 있어요?"

"점원이 있죠."

"그 점원이 바로 전문가에요. 옷 파는 사람은 최신 유행이 어떤 건지 잘 알아요. 그리고 눈썰미가 있는 점원은 사람을 보면 어떤 스타일에 옷이 어울릴지도 알죠. 점원에게 코디를 부탁하세요. 그러면 실패할 확률은 적어지죠."

솔로가 물었다.

"그럼, 그 옷가게 점원이 눈썰미가 있는지 없는지 어떻게 알 수 있을까요?"

"그것도 아주 쉬워요. 옷을 고르면서 몇 년째 옷을 팔고 있는지 슬쩍 물어보세요. 오래되었을수록 경륜이 쌓였을 테니까 잘 골라 줄 거에요. 한 가지 더요. 직장에 여직원 있죠?"

"네. 많지는 않지만 몇 명 있습니다."

"그러면 점원이 코디해 준 대로 입고 여직원들에게 물어보세요. 본인이 스스로 볼 때는 어색하더라도 다수의 여직원들에게서 잘 어울린다는 말을 들으면 코디가 잘 된 거에요."

솔로의 얼굴에 화색이 돌았다.

"그런 방법이 있었군요. 그러면 헤어스타일도 마찬가지겠네요. 미용실에 가서 헤어디자이너에게 잘 어울리는 스타일로 해달라고 말만 하면 되겠네요."

"와~ 한 가지를 가르쳐주니 두 가지를 깨닫네요. 맞아요. 헤어스타일은 그렇게 하면 되죠. 외적인 부분은 그런 방법으로 보완하면 충분하구요. 내적인 부분도 몇 가지 점검해 드릴게요."

솔로는 귀를 쫑긋 세웠다.

"그동안 내가 보아온 솔로 형제의 장점은 성실함과 신중함이에요. 반면에 부족한 건 바로 '자신감'이에요."

"저도 그 부분이 항상 걸리더라구요."

"자신감을 키울 수 있도록 노력하세요. 그러기 위해서 몇 가지 방법이 있어요."

"자신감을 키울 수 있는 방법이요?"

"그렇죠. 먼저 읽으면 자신감이 생기는 성경 구절들을 매일 읽고 암송하세요. 예를 들어 베드로전서 2장 9절 같은 거요. '그러나 너희는 택하신 족속이요 왕 같은 제사장들이요 거룩한 나라요 그의 소유가 된 백성이니 이는 너희를 어두운 데서 불러내어 그의 기이한 빛에 들어가게 하신 이의 아름다운 덕을 선포하게 하려 하심이라' 인터넷을 검색해 보면 이런 구절들이 많이 있어요. 이렇게 자존감을 높여 주는 말씀을 자꾸 묵상하고 암송하다 보면 자신감도 생길 겁니다. 또 있어요."

"또 요?"

"자신감을 얻을 수 있는 책들을 많이 읽으세요. 자기계발서도 좋고 위인전도 좋아요. 그런 책들을 읽다 보면 자신감을 회복할 수 있을 겁니다. 그리고 끝으로 한 가지만 더요. 이건 태도에 관한 부분이에요. 내가 지켜보니까 솔로 형제는 자매들과 얘기할 때 눈을 제대로 못 보고 시선이 자꾸 다른 곳을 보던데요."

"실은 여자 눈을 보는데 익숙하지 않거든요."

박 목사가 고개를 끄덕였다.

"충분히 이해는 가요. 하지만 이성과 대화를 할 때 상대방의 눈을 보는 건 아주 중요해요. '눈은 마음의 창이다' 라는 말도 있잖아요. 그렇다고 부담스러울 정도로 뚫어지게 쳐다보는 것도 문제지만…."

"알겠습니다. 제가 목사님께 조언을 구하길 정말 잘한 것 같습니다. 감사합니다, 목사님!"

솔로가 고개를 숙여 감사를 표했다.

"뭘요. 대단한 것도 아닌데. 앞으로 솔로 형제가 좋은 자매 만날 수 있도록 나도 같이 기도할게요. 틀림없이 머지않아 좋은 결과를 얻을 수 있을 겁니다. 용기를 가지세요."

"감사합니다, 목사님! 그럼 다음 주에 뵙도록 하겠습니다. 안녕히 계세
요."

솔로는 박 목사와 악수를 나누고 집으로 향했다.

14화
불신자와의 결혼?

박 목사가 앞으로 나왔다.

"우리 옆 사람과 악수하며 이렇게 인사할까요? '앞으로도 잘해봅시다!'"

"앞으로도 잘해봅시다!"

옆 사람들과 악수하는 표정 속에는 서로를 향한 친근감이 묻어나왔다.

"이번엔 여섯 번째 강의를 시작하도록 하겠습니다. 강의 순서로는 여섯 번째지만 제가 가장 중요하게 생각하는 강의이기도 합니다. 바로 '성경적 관점에서 본 불신자와의 결혼'입니다. 역시 질문으로 시작해 볼까요? 불신자와의 결혼에 대해서 어떻게 생각하는지 얘기해 봤으면 좋겠어요. 먼저 현란 자매는 불신자와 결혼하는 것에 대해 어떻게 생각하세요?"

현란은 문제에 대한 결론을 이미 내리고 있었는지 잠깐의 망설임도 없이 바로 대답했다.

"저는 불신자와 결혼은 안 된다고 생각해요."

"왜 그렇게 생각하는데요?"

"하나님께서 불신자와 결혼하는 것을 기뻐하지 않으신다고 들었거든요."

"그런 말을 누구에게 들었죠?"

"청년부 예배시간에 저희 목사님께서 말씀하셨어요."

"그러시군요. 대답해 주셔서 감사해요. 현란 자매는 하나님이 불신자와의 결혼을 기뻐하지 않으시기 때문에 하면 안 된다고 말씀해 주셨습니다. 그러면 이번엔 우리 모임에 참석한 자매들 가운데 나이도 가장 어린 미호 자매님께 물어보도록 하겠습니다. 미호 자매는 어떻게 생각하세요?"

약간 당황한 표정을 지으며 미호가 말했다.

"저는 교회에 안 다니는 남자라 할지라도 성품이 좋으면 괜찮을 것 같은데요?"

"아~ 신앙생활을 안 해도 성격이 좋으면 결혼할 수 있다는 말이죠? 왜 그렇게 생각하나요?"

"교회는 결혼하고 나서 전도하면 나올 가능성이 있지만 그 성격은 쉽게 바뀌는 게 아니고 타고난 거잖아요. 그래서 저는 신앙보다는 성격이 더 중요한 것 같아요."

미호가 말을 마치자 몇 사람들이 자기도 같은 생각이라는 듯 고개를 끄덕이며 공감을 표시했다.

그런 사람들의 반응을 본 박 목사는 미소를 지으며 말을 이어갔다.

"잘 알겠습니다. 배우자가 교회에 다니지 않아도 전도하면 교회 나올 가능성이 있지만 성격은 쉽게 바뀌는 게 아니기 때문에 성격만 좋다면 불신자와 결혼도 상관없다는 의견이었습니다. 어쨌든 여기 모인 분들 가운데서도 다수냐 소수냐의 차이지 '불신자와의 결혼은 안 된다' 라고 생각하시는 분들과 '불신자와의 결혼도 상관없다' 라고 생각하시는 분들이 모두 있다는 생각이 듭니다. 그렇다면 성경은 불신자와의 결혼문제에 대해서 어떻게 말씀하고 있는지 함께 살펴보도록 하겠습니다.

그전에 먼저 현실적인 문제들을 짚고 넘어가야 할 것 같아요. 여러분들이 살고 있는 부산에는 크리스천들이 몇 %나 될까요? 혹시 아시는 분 있나요?"

"10% 정도가 아닐까요?"

용하가 곧바로 대답했다.

"맞습니다. 용하 형제가 잘 알고 계시네요. 정확한 통계는 아니지만 부산에 사는 사람들 가운데서 대략 10% 정도가 크리스천이라고 많은 분들이 말씀하십니다. 그런데 이것은 재적 숫자이기 때문에 실제로는 6~7%라고 하시는 분들도 있습니다. 그러면 청년들은요? 부산에 사는 20세 이상 40세 미만 청년들은 몇 %나 교회에 다니고 있을까요? 한 번 찍어보시죠."

종신이 손을 들고 대답했다.

"정확하게는 알 수 없지만 교회 안에 청년들이 별로 없기 때문에 숫자는 더 적을 것 같은데요."

"뭐 정답이라고 할 수 있겠네요. 매 주일 꾸준히 교회에 출석하는 청년들은 5% 미만으로 보고 있어요. 정말 적죠? 이 숫자가 의미하는 게 뭘까요? 결혼 적령기에 이른 크리스천 청년이 같은 크리스천을 만나 연애하고 결혼하기가 상당히 어렵다는 것을 의미합니다. 고등학교를 졸업하고 난 이후 대학이나 직장 생활을 하면서 만나는 이성 10명 중 9.5명은 넌크리스천이라는 말이니까요. 안 믿는 사람들이 다수이고, 믿는 사람은 눈을 씻고 찾아봐도 발견하기 어려운 게 바로 여러분 앞에 놓인 현실입니다."

사람들은 답답하다는 표정을 지었다.

"이중에서도 믿는 형제들은 믿는 자매들에 비해 숫자가 3분의 1도 안 됩니다. 비율도 안 맞아요. 교회에서 목사님들이 설교할 때 절대로 안 믿는 사람과 결혼하면 안 된다고는 하는데 믿는 사람은 찾기도 어렵죠. 찾는다 하더라도 마음에 드는 사람은 없고, 자꾸 접촉하게 되는 안 믿는 사람은 눈에 들어오고… 그러다보니 '지금 안 믿으면 어때? 결혼해서 전도하며 되지'라는 생각으로 불신자들과 결혼하는 사람들의 숫자는 날로 늘어나고…. 오늘 이런 고민을 안고 이 땅을 살아가는 믿음의 사람들에게 하나님은 성경을 통해서 어떻게 말씀하고 계신가에 대해 아는 것은 너무너무 중요합니다. 먼저 구약에 등장하는 사건을 통해 하나님의 뜻이 무엇인지 알아보도록 하겠습니다. 창세기 24장 1~4절까지 함께 읽겠습니다. 시작!"

"아브라함이 나이가 많아 늙었고 여호와께서 그에게 범사에 복을 주셨더라. 아브라함이 자기 집 모든 소유를 맡은 늙은 종에게 이르되 청하건대 내 허벅지 밑에 네 손을 넣으라. 내가 너에게 하늘의 하나님, 땅의 하나님이신 여호와를 가리려 맹세하게 하노니 너는 내가 거주하는 이 지방 가나안 족속의 딸 중에서 내 아들을 위하여 아내를 택하지 말고 내 고향 내 족속에게로 가서 내 아들 이삭을 위하여 아내를 택하라."

"아주 또박또박 잘 읽어주셔서 감사합니다. 오늘 읽은 본문에는 두 사람이 등장합니다. 누구누구죠?"

질문이 끝나기가 무섭게 규태가 대답했다.

"아브라함과 늙은 종입니다."

"맞아요. 아브라함이 자신의 종에게 어떤 명령을 내리는 장면입니다. 어떤 명령일까요? 바로 사랑하는 아들 이삭의 아내를 데리고 오라는 명령이었습니다. 그런데 어디에 가서 데려오라고 했어요?"

아무도 대답하는 사람들이 없었다.

"4절을 눈으로 빠르게 읽어보세요. 어디에 가서 데려오라고 분명히 아브라함이 말하고 있죠?"

솔로가 용기내서 대답했다.

"내 고향, 내 족속입니다!"

"그래요. 아브라함은 종에게 자기 고향에 가서 자기 족속 가운데 며느리를 택하라고 명령했어요. 이 말은 자신처럼 하나님을 믿는 유대인 가운데에서만 이삭의 아내를 고르라는 말입니다. 그러면 아브라함은 지금 어디 살고 있는데요?"

"가나안입니다."

주영이 말했다.

"우와~ 어려운 질문이었는데 주영 형제가 잘 맞춰줬어요. 당시 아브라함은 이방인들이 대부분인 가나안 땅에 살고 있었습니다. 주변을 온통 둘러싸고 있는 건 하나님이 아니라 온갖 우상들을 숭배하는 가나안 사람들이었던 거죠. 마음만 먹으면 가나안에서도 며느리 감은 충분히 찾을 수 있었을 겁니다. 아브라함 정도의 권력과 재력이었다면 소위 가나안 명문가에서 자라난 현숙하고 참한 아가씨를 며느리로 들이는데 별로 문제가 없었을 테니까요. 인간적인 생각으로도 가나안에 있는 좋은 집안의 딸을 며느리로 삼는 것이 여러 가지 면에서 유리하면 유리했지 불리하진 않았을 겁니다. 그런데 아브라함은 쉬운 길로 가지 않습니다. 어려운 길로 갑니다. 믿음직스러운 종을 자기 고향으로 보냅니다. 같은 민족 가운데서 며느리를 데리고 오라고 말합니다. 왜 그랬을까요? 어떤 생각에서 아브라함이 이런 결정을 내렸을까요?"

솔로는 '신앙을 중요하게 생각했기 때문이 아닐까요?' 라는 말을 하려다가 참았다. 자신이 없었기 때문이었다.

누군가의 대답을 기다렸다는 듯 잠시 말을 멈췄던 박 목사는 반응이 없자 말을 이어갔다.

"아마 그 이유를 알고는 있지만 마음속으로만 대답하신 분들이 많으신 것 같습니다. 아브라함이 그런 결정을 내린 이유는 세상적인 배경보다 믿음이 더 중요하다고 생각했기 때문입니다. 여러분도 동의하십니까?"

"아멘!"

"아브라함에게 있어서 '이삭'은 어떤 존재였을까요? 100세에 낳은, 그래서 눈에 넣어도 아프지 않고, 대신 죽어도 아깝지 않을 만큼 자기 생명보다 더 사랑스러운 존재가 바로 이삭이었습니다. 그렇게 사랑하는 아들과 평생을 함께할 아내를 얻어주는 일이었습니다. 아버지로서 얼마나 심사숙고했을까요? 마치 여러분 부모님도 자녀 된 여러분이 가장 좋은 사람 만나 결혼하기를 바라시는 것처럼 말이죠."

사람들은 이해가 된다는 듯 고개를 끄덕였다.

"아브라함이 아들 이삭에게 배우자를 얻어 주는 일은 최고의 선물을 주는 것과 같습니다. 선물을 주고 싶어 하는 대상에 대한 사랑이 크면 클수록 가장 좋은 선물을 주고 싶어집니다. 최고의 선물이기 때문에 대충 고르지 않습니다. 신중하게 고릅니다. 어떤 것을 선물해야 사랑하는 사람이 기뻐할지 고심하기 마련입니다. 물론 외적인 기준, 인간적 기준만으로 볼 때는 가나안 땅에도 며느리 삼고 싶을 만큼 좋은 자매가 있었을 겁니다. 하지만 아무리 세상적인 기준으로 괜찮은 사람일지라도 가나안 사람들의 내면에는 하나님에 대한 신앙이 없었습니다. 아무리 겉이 번지르르해도 하나님에 대한 믿음이 없는 사람은 앙꼬 없는 찐빵이요 물 없는 오아시스와 같은 겁니다. 아브라함은 보이는 것보다 보이지 않는 것의 중요성을 알고 있었습니다. 그래서 자기 생명보다 더 사랑스러운 이삭에게 가장 적합한 여인은 하나님을 향한 믿음을 가지고 있는 사람이라고 믿었기에 자기와 같은 여호와 하나님에 대한 믿음이 있는 사람 가운데 찾으라고 종에게 명령한 겁니다."

강단 위에 물로 입술을 축인 박 목사는 계속 강의를 이어갔다.

"불신자와의 결혼에 대해 구약에 또 다른 말씀은 어떤 것들이 있는지 같이 살펴보도록 하겠습니다. 신명기 7장 3~4절을 같이 읽겠습니다. 앞에 파워포인트 보이시죠? 시작!"

"또 그들과 혼인하지도 말지니 네 딸을 그들의 아들에게 주지 말 것이요 그들의 딸도 네 며느리로 삼지 말 것은 그가 네 아들을 유혹하여 그가 여호와를 떠나고 다른 신들을 섬기게 하므로 여호와께서 너희에게 진노하사 갑자기 너희를 멸하실 것임이니라"

"그들과 결혼하지 말라고 분명히 말씀하고 있습니다. '그들'이 누군데요?"

"불신자들입니다!"

정하가 대답했다.

"맞습니다. 그러면 왜 불신자들과 결혼하지 말아야 한다고 성경은 말씀하고 있죠?"

박 목사의 질문에 규태가 대답했다.

"여호와를 떠나고 다른 신들을 섬기게 하기 때문이라고 4절에 나와 있는데요."

박 목사는 박수치는 제스처를 취하며 환하게 웃었다.

"정답입니다. 불신자와 결혼하면 하나님에 대한 신앙을 버리고 우상을 섬기게 되어 결국 멸망당하기 때문이라고 성경은 분명하게 말씀하고 있습니다. 또 한 구절 읽어 볼까요? 에스라 9장 12절입니다."

"그런즉 너희 여자들을 그들의 아들들에게 주지 말고 그들의 딸들을 너희 아들들을 위하여 데려오지 말며 그들을 위하여 평화와 행복을 영원히 구하지 말라. 그리하면 너희가 왕성하여 그 땅의 아름다운 것을 먹으며 그 땅을 자손에게 물려 주어 영원한 유산으로 물려주게 되리라 하셨나이다."

"이 말씀도 불신자와의 결혼을 분명히 반대하고 있습니다. '결혼'은 믿는 자와 하라는 겁니다. 그럴 때 뒤에 나와 있는 복을 받는다는 겁니다. 그러면 이 말씀을 거꾸로 생각하면 어떤 의미일까요? 이렇게 해석할 수 있지 않을까요? '비그리스도인과 결혼하면 쫄아 들어 그 땅의 아름다운 것도 먹지 못하며, 땅을 자손에게 유산으로 물려주지 못할 것이다.' 완전히 저주의 의미가 있다는 것을 발견할 수 있습니다. 그러면 이번에는 신약에서 찾아볼게요. 여러분들이 잘 알고 있는 말씀입니다. 고린도후서 6장 14~16절까지 같이 읽겠습니다. 시작!"

"너희는 믿지 않는 자와 멍에를 함께 메지 말라 의와 불법이 어찌 함께 하며 빛과 어둠이 어찌 사귀며 그리스도와 벨리알이 어찌 조화되며 믿는 자와 믿지 않는 자가 어찌 상관하며 하나님의 성전과 우상이 어찌 일치가 되리요 우리는 살아 계신 하나님의 성전이라 이와 같이 하나님께서 이르시되 내가 그들 가운데 거하며 두루 행하여 나는 그들의 하나님이 되고 그들은 나의 백성이 되리라."

"자! 조금만 더하고 쉴게요. 하나님께서는 '불신자와 멍에를 함께 메지 말라'고 말씀하셨어요. 멍에가 뭔데요? 국어사전에 보면 이렇게 설명되어 있습니다. '수레나 쟁기를 끌기 위하여 마소의 목에 얹는 구부러진 막대'라고요. 멍에는 말이나 소의 목에 얹어 수레나 땅을 가는 쟁기를 끄는 농기구입니다. 이런 멍에를 사용할 때 기본 원칙이 있습니다. 뭘까요? 소는 소끼리, 말은 말끼리, 즉 같은 종의 짐승끼리 멍에를 지게 해야 한다는 겁니다. 만약 다른 종류의 짐승 두 마리에 한 멍에를 씌우면 어떻게 될까요? 저도 농사를 지어본 경험이 없어서 잘 모릅니다만 책에 잘 나와 있더라구요. 다른 종류의 짐승 두 마리를 놓고 한 멍에를 씌우면 높이와 보폭이 다르기 때문에 앞으로 나아가지 않고 빙빙 돌거나 엉뚱한 방향으로 가게 된답니다. 짐승들이 꾀를 피워서가 아닙니다. 땀을 뻘뻘 흘리며 힘을 써도 종류가 다르기 때문에 한 방향을 향해 나아갈 수 없다는 겁니다. 이 부분이 중요합니다. 믿는 자와 불신자와의 결합은 이런 결과를 가져온다는 의미니까요. 우리 아버지 하나님께서는 성경을 통해 분명히 말씀하셨습니다. '다른 신앙을 가지고 있는 사람과의 결혼생활은 결코 행복할 수 없기 때문에 안 된다'고 말이죠. 행복한 가정을 만드는데 가장 중요한 게 뭘까요? 돈이요? 자식이요? 건강이요? 이런 것들 중요해요? 안 해요? 여러분들 생각은 어때요?"

"중요하지 않을까요?"

주영이 차분한 목소리로 대답했다.

"맞아요. 중요합니다. 왜 안 중요하겠어요? 돈도, 자식도, 건강도 행복한 가정을 만드는데 중요한 요소들이지요. 하지만 가장 중요한 건 이런 것들이 아닙니다. 가장 중요한 건 바로 '같은 가치관'입니다. 관점 또는 세계관, 생각 다 비슷한 맥락의 단어들입니다. 행복한 가정을 이루기 위해서는 부부가 같은 가치관을 가지고 있어야 합니다. 이것이 가장 기본입니다. 만약 돈도 있고, 건강도 있고, 자식도 있고, 직장도 번듯한데 부부의 가치관이 정 반대라면 어떤 일이 벌어질까요? 절대로 행복한 가정을 이룰 수 없습니다. 왜 그럴까요?"

박 목사가 용하를 쳐다봤다.

"글쎄요. 제가 결혼을 안 해봐서 잘 모르겠는데요."

용하의 말에 사람들이 웃음을 터뜨렸다.

"말 되는 얘기예요. 결혼생활을 안 해봤으니 잘 모를 수도 있을 것 같네요. 그럼 제가 말씀드리죠. 정 반대의 가치관을 가지고 있는 부부는 행복한 가정을 이룰 수 없습니다. 왜냐하면 상대방의 생각이나 행동이 이해되지도, 용납되지도 않기 때문입니다. 그렇게 되면 사사건건 충돌하게 됩니다. 충돌은 싸움을 일으키겠죠?

예를 들어볼까요? 용하 형제가 결혼을 해서 자녀를 낳았다고 치죠. 아이가 자라면 뭘 시켜야 해요? 교육을 시켜야죠. 유치원이나 어린이집에 보내기도 하고, 어떤 부모들은 그 이전에 학습지도 시켜요. 특히 우리나라 사람들 교육열이 뜨거운 건 유명하잖아요. 그런데 교육에 대한 부부의 가치관이 정 반대라면 어떨까요?"

"싸울 것 같은데요?"

도희가 말했다.

"그래요. 싸움이 일어납니다. 보세요. 아내는 조기교육 찬성론자예요. 아이가 어렸을 때부터 일찍 공부를 가르치면 가르칠수록 좋다는 가치관을 가지고 있는 거죠. 그래서 자라나는 아이를 보고 마음이 급해요. 옹알이하는 아이한테 책을 열심히 읽어주는 건 기본이고, 학습지도 일찍 시켜요. 유치원도 그냥 유치원이 아니라 영어 유치원에도 보내고 싶어 해요. 반면 남편은 조기교육 반대론자예요. 어렸을 때부터 '공부! 공부!' 하면 오히려 학습에 대한 거부감을 느낄 수 있기 때문에 어렸을 때는 충분히 놀아야 한다고 생각합니다. 충분히 놀고 나면 나중엔 공부하고 싶어지고 그때 가서 시작하는 것이 훨씬 더 효과적이라는 생각을 가지고 있는 거죠. 이렇게 전혀 달라요. 여러분들은 누구 생각이 맞다고 여겨지죠? 명진 자매?"

"글쎄요. 누구 생각이 맞는지 잘 모르겠어요. 조기교육의 장단점이 다 있으니까요."

명진의 말에 박 목사는 고개를 끄덕였다.

"잘 말했어요. 누구 생각이 옳고, 누구 생각이 잘못된 건 없어요. 조기교육의 장점도 분명히 있고, 충분히 놀다가 나중에 교육시키는 것도 장점이 있으니까요. 중요한 건 같은 생각을 가지고 있어야 한다는 거죠. 아내가 조기 교육시키는 모습을 보면 남편 마음이 답답해요. 어려서부터 공부에 들볶이는 아이도 불쌍하게 보이구요. 반면에 남편 말대로 아이가 놀고 싶은 대로 놀리면 아내 마음이 힘들어져요. 공부해야 할 때를 놓치는 것 같기도 하고 아이에게 너무 무책임한 부모가 되는 것 같아 미안해지는 거죠. 서로 절충안을 제시해 보지만 두 사람 마음을 다 만족시키기는 어렵습니다. 이래서 행복한 가정을 이루기 힘든 건 당연한 일이구요. 여러분들 가운데 주변에서 이런 문제로 갈등하는 부부를 본적이 있나요?"

"목사님! 저희 누나와 매형 옆집에 사시는 줄 알았어요."

종신의 익살스러운 대답에 사람들이 웃음으로 반응했다.

"그래요. 이런 부부들의 모습은 주변에서 쉽게 찾아 볼 수 있어요. 자녀 교육 문제는 한 가지 예에 불과한 겁니다. 가치관이 달라 싸우게 되는 일은 아주 많아요. 결혼 전에는 가치관이 다른 게 큰 문제가 된다는 것을 잘 몰라요. 하지만 결혼하고 나면 금방 느끼게 됩니다. 왜냐하면 함께 결정해야 할 일이 굉장히 많거든요. 자녀 교육은 큰 예지만 작은 예도 들어볼까요? 밥 먹는 거, 청소하는 거, 홈쇼핑에서 물건 사는 거 등등 함께 결정해야 할 일은 너무너무 많죠. 그런데 서로의 생각이나 가치관이 다르다고 해서 사사건건 다투다 보면 어떻게 되나요? 서로에 대한 신뢰를 잃게 되죠. 결국엔 약한 쪽이 강한 쪽의 의견에 따르게 됩니다. 물론 속으로는 마음에 안 들더라도 말이죠. 문제는 결혼생활을 하면서 타협할 수 있는 일들도 있지만 절대로 타협할 수 없는 일들도 있다는 겁니다. 절대 타협할 수 없는 일이 뭘까요?"

"시부모 모시는 문제요!"

"하하하하"

도희의 솔직 발랄한 대답에 사람들은 크게 웃었다.

"여자 입장에서 보면 그럴 수도 있겠네요. 하지만 제가 원하는 답이 아니라 아쉽네요. 정답은 바로 '종교' 문제입니다. 육적인 일은 타협하고 양보할 수 있지만 영적인 일은 타협과 양보가 불가능합니다. 하나님이 하시면 가능하지만 인간의 힘으로 그렇다는 말이에요. 결혼하고 나면 배우자를 쉽게 교회 데리고 나갈 수 있을 줄 알았는데 쉽기는커녕 갖은 수단과 방법을 동원해도 안 되는 거예요. 얼러보기도 하고 협박도 하는데 안 통해요. 남편에게 교회 가자고 말해도 꿈쩍도 안 해요. 그러면 교회 다니는 아내는 답답해서 어쩔 줄 몰라요. 그런데 안 믿는 남편의 입장에서 생각해보면 남편의 행동은 당연한 거예요. 하나님을 안 믿는데 교회에 어떻게 나가요? 성경이 믿어지지 않는데 설교가 귀에 들어와요? 하나님의 존재를 안 믿는데 기도가 돼요? 찬송이 불러져요? 입장을 바꿔서 생각해봐요. 독실한 불교신자인 남편이 안 믿는 아내에게 절에 가자고 해봐요. 가고 싶어지겠어요? 석가의 말이 믿어져야 설법이 귀에 들어오지. 부처가 안 믿어지는데 절을 어떻게 해요? 영적인 부분은 타협이 없어요. 종교에 대한 가치관이 달라 안 믿는 배우자가 믿는 자기를 따라 교회에 나오면 행복하지만 안 따라오면 불행해요. 이게 현실이에요. 그렇기 때문에 행복한 가정을 이루기 위해서는 같은 가치관을 갖는 게 정말 중요해요. 그중에서도 같은 신앙을 갖는 건 기본이지요."

박 목사의 강의는 계속 이어졌다.

"행복한 가정을 만들기 위해서는 같은 가치관을 갖는 게 중요하다고 말씀드렸습니다. 그중에서도 가장 기본적인 것은 영적 가치관이 같아야 함도 말씀 드렸구요. 이번엔 조금 더 구체적으로 얘기해 볼까요? 불신자와 결혼했을 때 생기는 문제를 크게 세 가지로 나눠봤습니다. 첫 번째는 전도가 잘 안 된다는 겁니다. 뭐가 잘 안 된다구요?"

"전도요!"

"그래요. 결혼하면 전도는 쉽게 될 줄 생각했는데 막상 결혼해 보니까 전도가 되지 않습니다. 어떤 자매들은 제게 이런 질문을 하더라구요. '목사님! 우리는 불신자를 하나님께로 전도해야 할 의무가 있잖아요. 그렇다면 결혼을 통해서 전도하는 것도 좋은 방법 아닌가요?' 여러분들은 이 질문에 대해서 어떻게 생각하세요? 종신 형제가 한번 대답해 볼까요?"

"최선의 방법은 아니지만 차선의 방법 정도는 되지 않을까요?"

종신의 말을 들은 박 목사는 정하를 보며 말했다.

"정하 자매는 어떻게 생각하세요?"

"저는 좋은 방법이 아니라고 생각해요. 결혼해서 전도하겠다는 말은 그럴싸하게 들리는데 실제로 전도가 잘 안 되는 걸 봤거든요. 제 친구들 중에서 안 믿는 남자와 결혼한 친구들이 두 명 있어요. 물론 제 친구들은 교회에 열심히 다녔구요. 친구들의 믿음이 좋았기 때문에 남편을 교회로 금방 전도할 줄 알았는데요. 한 친구 남편은 결혼하고 나서 지금까지 한 번도 안 나왔고, 다른 한 명은 처음에 두세 번 나오고는 안 나오거든요. 그런 걸 볼 때 결혼해서 전도한다는 건 어려운 일이라는 생각이 들었어요."

정하의 말을 듣는 사람들의 얼굴에 진지함이 스쳐갔다.

박 목사는 마이크를 들고 사람들이 앉아 있는 테이블로 걸어 나왔다.

"종신 형제님, 정하 자매님 대답 감사해요. 많은 청년들이 종신 형제님처럼 생각하는 것 같아요. '믿는 사람과 결혼하는 것이 가장 좋지만 안 믿는 사람과 결혼도 큰 문제가 되지 않는다. 왜? 결혼하면 교회 가자는 나의 말을 배우자가 잘 들을 테니까' 그런데 실제로는 정하 자매님 말처럼 전개가 됩니다. 특히 믿는 여자가 안 믿는 남자와 결혼했을 때 많이 발생하는 경우인데요. 결혼 전에는 교회 나가겠다고 약속하지만 결혼하고 나서는 그 약속을 지키는 경우가 별로 없다는 겁니다. 제가 부교역자 생활을 14년 했습니다. 짧지 않은 세월이죠?"

박 목사는 자신의 말을 경청하는 사람들의 얼굴을 바라봤다.

"그런데 그 시간 동안 지켜본 교인들 가운데서 안 믿는 남자와 결혼해서 바로 교회에 나오는 케이스는 열에 하나도 안 되었어요. 열에 아홉은 남편이 교회 나오지 않습니다. 나중에 나이 들고 늙어 나오는 경우는 종종 있었지만요. 다양한 방법으로 전도하는 건 하나님이 기뻐하시는 일입니다. 하지만 여러분들이 분명히 알아야 할 게 있어요. '결혼'은 전도의 도구가 될 수 없다는 겁니다. 내 배우자가 하나님을 믿게 하는 것도 내 마음대로 되는 일이 아니구요. '믿는 사람과 결혼한다'는 것과 '결혼하고 나서 믿게 하겠다'는 비슷한 말 같지만 전혀 다른 말입니다. 전자는 내 의지로 가능한 일이지만 후자는 내 의지로 가능한 일이 아니거든요. 결혼해서 전도 하겠다고 큰 소리쳤는데 결혼 이후에 전도 하지 못하면 어떻게 할 거에요? 실패했으니 이혼할 거에요? 그럴 수 없잖아요. 그냥 살아야 하잖아요. 결혼 전 자매들이 착각하고 있는 게 있어요. '결혼하면 남자들이 아내인 자기 말을 더 잘 들을 거다'라는 거예요. 천만에 만만에 말씀이에요. 연애할 때는 여자의 말을 잘 듣다가도 결혼하고 나면 청개구리처럼 말을 잘 안 듣는 게 남자란 동물이거든요. 왜 그럴까요? 결혼 안 해봐서 모를 테지만 추측해서 대답해 보세요. 규태 형제! 왜 남자들이 결혼하면 말을 더 안 들을까요?"

뒤쪽으로 걸어간 박 목사는 규태를 쳐다보며 물었다.

그러자 규태는 큰 눈을 두꺼비처럼 끔뻑거리다가 말을 꺼냈다.

"자존심 때문에 말을 더 안 들을 것 같습니다!"

"빙고! 장가 안 갔어도 잘만 맞추네. 맞아요. 남자는 결혼하고 나면 아내의 말을 잘 안 받아들이려는 '자존심' 또는 '똥고집' 같은 게 생겨요. 그래서 맞는 말인데도 불구하고 일부러 청개구리처럼 튕겨내고 엉뚱한 행동을 하죠. 그리고 사람들은 남자나 여자 할 것 없이 나이를 먹으면 먹을수록 자기 주관이 강해지고 굳어지기 때문에 쉽게 종교를 갖지 못해요. 이런저런 이유들로 해서 배우자 전도가 아주 어렵다는 겁니다."

박 목사는 말을 이어나갔다.

"결혼하면 쉽게 전도할 줄 알았는데 전도가 안 돼요. 그러면 그때부터 외짝 신앙생활이 시작됩니다. 주일 오전에 안 믿는 남편은 늦잠을 자고, 믿는 아내는 혼자 교회에 갑니다. 교회 가면 사람들이 남편에 대해서 물어요. '남편은 왜 안 왔냐?' 등등. 그러면 그게 또 스트레스가 되는 거예요. 그러다가 아이를 낳게 되면 여전히 남편은 집에 있고 아내는 아이 손을 잡고 교회에 나가요. 부부가 함께 신앙 생활하는 커플을 보면 부러워요. 한편으로는 남편 전도 못하는 게 자기가 부족한 것 같은 자책감도 들구요. 남들은 교회와 나라와 선교를 위해서 기도하는데 이런 사람들의 제일 큰 기도 제목은 언제나 '남편 구원'이에요. 남편이 교회에 안 다니니 헌금 생활도 자유롭지 못하고, 남편 눈치 보느라 교회 일도 맘대로 못해요. 이런 신앙생활이 행복할 수 있겠어요?"

"목사님 말씀만 들어도 가슴이 갑갑해지는데요?"

용하가 자신의 가슴을 쓸어내리며 말했다.

"그래요. 이렇게 살아가는 모습은 상상만 해도 갑갑해요. 그런데 어떤 사람들은 이런 갑갑함을 견디지 못하고 자기 신앙을 포기하기도 한답니다. 제가 전에 사역하던 교회에서 있었던 일이에요. 믿음도 좋고 성격도 활발한 여자 청년이 있었어요. 그런 모습이 사람들에게도 좋게 보였던지 이십대 중반에 청년회 회장까지 하게 됐어요. 청년들도 100여 명 가까이 모였는데 나이 어린 자매가 청년회 회장까지 했으니 보통 믿음과 열심은 아니었겠죠? 이 자매를 마음에 두고 있는 형제들도 꽤 많았구요. 하지만 이 자매는 눈이 높았습니다. 교회 안에 있는 남자 청년들은 눈에 차지 않았어요. 자기 수준에 맞는 남자는 하나도 없다는 생각을 한 거죠. 그러던 중에 직장 선배의 소개로 한 남자를 만났어요. 키도 크고, 인물도 좋고 직장도 공기업이었으니 훌륭했죠. 첫 만남에서 남자가 교회에 안 다닌다는 사실을 알았지만 별로 신경 쓰지 않았어요. 앞으로 결혼할지 안 할지도 모르는데 너무 앞서가지 말자는 생각이 들었던 거죠. 그런데 만남이 계속 이어지면서 정식으로 연애가 시작됐어요. 1년이 지나 결혼 얘기가 자연스럽게 오고갈 때 자매는 남자에게 교회에 가자고 말을 했지만 남자는 웃으면서 결혼하고 나서 다니겠다는 대답만 반복했어요. 자매는 마음 한 구석이 찜찜했지만 항상 자기를 배려해주고 사랑해주는 남자를 보며 교회 다니겠다는 남자의 약속이 굳게 믿어졌구요. 자! 여기서 질문. 이 자매는 안 믿는 남자와 결혼을 했을까요, 안 했을까요?"

규태가 진지한 얼굴로 대답했다.

"안 했을 것 같습니다!"

박 목사가 되물었다.

"왜 그렇게 생각했죠?"

"청년회 회장까지 지낼 만큼 믿음이 좋았다고 말씀하셔서요. 그 정도 믿음이면 안 믿는 사람과 결혼 같은 건 안 했을 거라는 생각이 들어서요."

박 목사는 입가에 묘한 미소를 지으며 강단으로 돌아왔다.

"맞아요. 많은 사람들이 그렇게 생각할 수 있어요. 그런데 결과는 정 반대였죠. 이 자매는 안 믿는 남자와 결혼했어요. 뿐만 아니라 전도도 못했어요. '못했다'는 표현이 맞겠죠? 당연히 남편에게 교회 가자는 말을 수십 번, 수백 번 했을 테니까요. 결혼 후 남편은 교회 가자는 자매에게 단호한 어조로 말했데요. '당신 교회 나가는 건 내가 안 막을 거야. 그런데 나한테 교회 나가자는 말은 하지 말어. 나중에 내가 나가고 싶을 때 나갈 테니까.' 할 수 없이 혼자 교회에 나가기 시작했죠. 사람들이 묻는 거예요. 남편은 왜 안 오냐고. '출장 갔다.' '일이 바쁘다' 여러 가지 핑계로 둘러 댔지만 나중엔 더 둘러댈 말도 없어졌죠. 그러다가 임신을 하게 됐어요. 임신을 핑계로 자매는 주일 예배에 빠지기 시작했어요. 한 번이 두 번이 되고, 두 번이 세 번이 되고…. 결국 아이를 낳고는 아예 교회를 나오지 않게 됐어요. 한때 청년회 회장까지 지냈던 자매의 이런 행동에 여러 사람들이 충격을 받은 건 물론이구요. 실제로 전도하다가 만난 아주머니들과 대화를 나누다 보면 결혼하기 전에는 교회에 열심히 다녔는데 결혼하고 나서 안 믿는 남편 때문에 교회 못 나가고 있다는 말을 자주 들어요. 결혼을 통해 안 믿는 남자를 교회로 전도하기는커녕 자기 믿음조차 다 잃어버릴 수 있다는 사실을 반드시 기억해야 합니다. 아셨죠?"

"네!"

"자! 불신자와 결혼해서는 안 되는 두 번째 이유입니다. 따라해 볼까요? '핍박을 받는다!'"

"핍박을 받는다!"

"그렇습니다. 안 믿는 배우자에게 핍박을 받게 됩니다. 왜 핍박을 받을까요? 두 가지 이유에서 입니다. 첫째는 영적인 이유 때문입니다. 하나님을 믿는 우리 안에는 성령님께서 거하십니다. 하나님의 자녀가 되었기 때문에 하나님의 영이 거하시는 거죠. 반면에 안 믿는 배우자 안에는 어떤 영이 거해요? 그들의 아비가 마귀이기 때문에 당연히 악한 영이 거합니다. 한 집에서 한 이불을 덮고 살아도 영이 다를 때 충돌이 생깁니다. 예수님께서도 그런 말씀을 하셨습니다. 요한복음을 같이 읽어볼까요? 15장 19절입니다. 시작!"

"너희가 세상에 속하였으면 세상이 자기의 것을 사랑할 것이나 너희는 세상에 속한 자가 아니요 도리어 내가 너희를 세상에서 택하였기 때문에 세상이 너희를 미워하느니라"

"우리는 하나님의 영을 받았고, 세상은 마귀의 영을 받았습니다. 그러므로 영적 충돌이 일어날 수밖에 없습니다. 믿지 않는 배우자는 어떻게 해서든지 믿는 배우자가 교회 가는 것을 방해합니다. 이런 현상이 그냥 일어나는 것이 아니라 영적 원리에 의해서 필연적으로 일어날 수밖에 없다는 것입니다. 또 하나는 육적인 이유 때문입니다. 믿는 아내가 교회 가면 남편은 뭐해요? 대부분 늦잠을 잡니다. 아주 소수는 취미 생활을 하기도

하지만 늦잠자고 10시나 11시쯤 일어나요. 곧 점심 때가 되죠? 밥을 먹어야 하는데 아내가 집에 없어. 어디 갔어요? 어디 가긴, 교회에 갔지. 그러면 남편은 배가 고파지니까 자기가 차려서 먹거나 짜장면을 시켜 먹어야겠죠. 만약에 솔로 형제가 이런 남편의 입장이라면 기분이 어떻겠어요?"

"안 좋을 것 같은데요."

"당연히 안 좋을 겁니다. 남자들은 월요일부터 토요일까지 회사일 하느라 늘 밖에서 지내잖아요. 요즘은 5일 근무라 토요일에 집에서 쉬기도 하지만요. 이렇게 일주일에 한두 번 집에서 푹 쉬면서 아내가 차려주는 밥도 먹고 시간도 같이 보내고 싶은데 아내는 교회 갔어. 처음에 한두 번은 그냥 자기가 차려 먹거나 시켜 먹지만 시간이 지나면 점점 짜증나기 시작해요. 그러면서 아내가 남편인 자기보다 교회를 더 중요하게 생각하는가 싶어 기분이 나쁘기도 하구요. 결국 교회 나가지 말라는 태클을 걸기 시작합니다. 영적인 핍박을 하게 되는 거죠."

사람들이 고개를 끄덕였다.

"이제 마지막입니다. 왜 불신자와 결혼하면 안 되는가? 따라합시다. 혹시 믿음이 생긴다 할지라도 성장하기까지 많은 시간이 걸린다!"

"성장하기까지 많은 시간이 걸린다!"

"그렇습니다. 어떤 사물이든 간에 성장하려면 시간이 필요합니다. 벼를 예로 들어볼까요? 농부가 봄에 모내기를 합니다. 그리고 논에다 심잖아요. 아무리 마음이 급하다고 해도 늦봄이나 여름에 추수할 수 없습니다. 덜 여물었기 때문이죠. 봄과 여름을 지나 가을의 끝자락이 되어야 추수할

연애달인되다

수 있게 됩니다. 사람도 마찬가집니다. 갓 태어나 '응애' 하며 울던 아이가 하룻밤 자고 나니 청년으로 변할 수 없습니다. 걸으려고만 해도 1년이라는 시간이 필요합니다. 여기 앉아 있는 여러분들도 수십 년 동안 수많은 경험을 통해 성숙해졌잖아요. 그런 과정을 거쳐 왔기 때문에 오늘날 성숙한 여러분이 된 겁니다. 신앙도 마찬가집니다. 신앙이 성장하기 위해서는 많은 시간이 필요합니다. 예수를 나의 구주로 영접했다고 해서 그 순간부터 성숙한 신앙이 되는 게 아닙니다. 육적인 나이가 몇 살이건 간에 예수를 믿는 순간 영적으로는 어린아이가 됩니다. 그리고 나서 교회를 다니며 신앙생활을 하면서 영적인 성장을 경험하게 됩니다. 여기까지 제 말이 이해되시죠? 종신 형제, 이해 잘 되고 있어요?"

"네! 머리에 쏙쏙 들어오고 있습니다!"

열정적인 강의 탓에 피곤이 느껴졌는지 박 목사는 양 팔을 들어 교차시킨 다음 스트레칭을 하기 시작했다.

"계속 서 있었더니 다리도 아프지만 어깨도 뻐근한 걸요. 자! 강의 이어서 할게요. 예를 들어서 A 자매는 주일학교 때부터 하나님을 믿은 남자와 결혼했고, B 자매는 불신자 남자를 만나 결혼해 한참 후에 남편이 교회에 다니게 됐다. 그러면 두 남편의 신앙의 성숙도는 얼마나 차이가 날까요? 물론 성경에 보면 '먼저 된 자가 나중 되고, 나중 된 자가 먼저 된다'는 말씀도 있고, 신앙의 성숙이라는 것이 반드시 시간이 지남에 따라 정비례하는 건 아니지만 보편적으로 생각하자면 그렇다는 겁니다. 시간으로 따지자면 적어도 20~30년의 차이가 날 겁니다. 그렇죠? A 자매의 남편은 10살 때부터 믿고 B 자매 남편은 40살 때부터 믿었다고 가정하면요. 이건 상당히 큰 차이입니다. A 자매 남편은 이미 영적으로 많은 성장을 해서 교회에 중요한 일을 감당할 수준으로 올라섰겠지만 B 자매 남편은 육적 나이론 40세지만 영적으론 1살인 겁니다. 아기와 똑 같아요. 손잡고 다니면서 하나하나 기초적인 것부터 가르쳐줘야 합니다. 그러면 어떻게 될까요? B 자매 남편 신앙이 차차 성장하는 동안 A 자매의 남편 신앙 또한 성장할 겁니다. 이것도 B 자매 남편이 40살에 교회에 다니게 되었다는 가정을 해서 그렇지 실제로 더 오랜 세월을 버티다 나오는 분들도 부지기수입니다."

강단에 물이 떨어졌는지 박 목사가 컵을 흔들어 보이자 사모가 곧 새로운 물컵을 앞으로 가져갔다.

"제가 잘 아는 C 권사님 얘깁니다. 이 권사님은 세상적으로 잘 나가던 안 믿는 남자와 결혼했습니다. 오랜 시간 동안 끊임없이 전도했지만 남편은 교회에 나오지 않았습니다. C 권사님의 기도 제목은 자나 깨나 '남편 교회 나오는 것' 이었습니다. 남편이 교회에 나오기만 하면 더 바랄 것이 없다고 새벽마다 하나님께 무릎꿇고 기도했습니다. 그렇게 세 자녀들과 함께 쓸쓸히 신앙생활을 하다가 큰 딸이 시집을 가서 손주를 낳을 때쯤에야 드디어 남편이 교회에 나오기 시작했습니다. 이미 그때는 60대였죠. C 권사님은 뛸 듯이 기뻤습니다. 비록 늘그막이지만 온 가족이 함께 신앙생활을 하게 됐다는 사실에 감격한 거죠. 남편을 데리고 교회 식구들에게 인사시켰습니다. 새신자반에도 데려다주고, 성경공부도 받게 했습니다. 남편은 믿음은 없었지만 아내의 비위를 맞추기 위해 꾸준히 교회를 나왔습니다. 그런데 시간이 지나자 C 권사님은 초신자인 자기 남편과 안수 집사로, 장로로 교회 중직을 맡고 있는 다른 권사 남편들을 비교하기 시작했습니다. 비교하지 않으려고 몸부림쳤지만 마음속에서 생겨나는 비교의식은 억누르고 억눌러도 사라지지 않았습니다. 장로의 믿음은커녕 남편이 죽기 전까지 얼마나 신앙이 성장할는지 생각하니 가슴이 답답해졌습니다. 왜 안 믿는 남자와 결혼했을까 후회됐지만 이미 물은 엎질러진 후였습니다. 현란 자매는 이 이야기를 듣고 어떤 생각이 들어요?"

현란이 안도의 한 숨을 내쉰 다음 말했다.

"제가 결혼하기 전에 목사님 강의를 들은 게 너무 다행이라는 생각이 들었어요."

"그런 생각이 들었다니 다행입니다. 말씀을 정리할게요. 예수 믿는 청년들의 숫자가 적어서 같은 신앙 가진 사람 만나 결혼하기가 어려운 게 여러분 앞에 놓인 현실인 거 맞습니다. 하지만 하나님은 분명히 성경의 말씀들을 통해서 우리가 하나님을 믿는 믿음을 가지고 있는 사람과 결혼해야 한다고 가르쳐 주셨습니다. 그리고 불신자와 결혼하면 안 되는 세 가지 이유는 따라해 볼게요. 첫째, 전도가 잘 안 된다!"

"전도가 잘 안 된다!"

"둘째, 핍박을 받는다."

"핍박을 받는다!"

"셋째, 혹시 믿음이 생긴다 할지라도 성장하기까지 많은 시간이 걸린다."

"혹시 믿음이 생긴다 할지라도 성장하기까지 많은 시간이 걸린다."

"아주 잘 하셨어요. 오늘 강의는 이것으로 마치겠습니다. 한 주간 잘 지내시고 다음 주 토요일에 웃는 모습으로 봐요!"

사랑의 팁 일곱

연애는 결혼이 아니라 탐색이다

많은 싱글들이 착각하는 것이 있습니다. 연애를 '결혼'처럼 생각하는 것입니다.

결론부터 말하자면 연애는 '결혼'이 아니라 '탐색'입니다. 국어사전에서는 '탐색'을 이렇게 정의하고 있습니다. "드러나지 않은 사물이나 현상 따위를 찾아내거나 밝히기 위하여 살피어 찾음."

연애는 상대방에 대한 전반적인 부분을 알아가는 과정이죠. 연애 초기 과정을 생각해 볼까요? 어떤 계기를 통해서 겉으로 보여진 작은 부분 때문에 상대방에게 호감이 생겼고, 그 호감이 연애감정으로 발전했지만 결혼에 맞는 상대인지 아닌지를 결정하기엔 자료가 부족합니다. 물론 만난 지 얼마 되지 않았고, 상대방에 대한 정보가 지극히 적을지라도 상대방에 대한 확신을 갖고 결혼하는 커플도 있기는 합니다. 그러나 상당히 적죠.

　대부분의 싱글들은 평균적으로 짧게는 6개월에서 길게는 10년까지 연애를 합니다. 그런데 연애를 하면 기쁜 감정만 경험하는 것이 아닙니다. 슬픔, 애증, 실망 등 부정적인 감정도 많이 경험합니다. 감정뿐인가요? 요즘은 연인이라면 당연히 '섹스'도 하는 사이라는 사고방식이 팽배합니다. 혼전순결을 지켜야 한다는 생각은 점점 사라지고 있습니다.

　저는 이런 행동방식이 연애를 결혼과 같은 것으로 생각하는 까닭에 있다고 보는 겁니다. '결혼'은 혼인서약을 통해서 서로에 대한 소유권이 생깁니다. 그 누구도 침범할 수 없는 법적인 울타리가 둘러쳐지는 것이죠. 제3자가 감정적으로 다가오는 것을 제지할 권리도 생깁니다. '성적인 결합'을 통해서 하나님이 주신 육체적 쾌락을 누릴 자유도 있습니다. 그런데 이런 것들은 '결혼'이라는 울타리 안에서만 가능합니다. 그런데 싱글들이 연애를 탐색이 아니라 '결혼'처럼 생각하기 때문에 결혼이라는 울타리 안에서 행해야 할 행동들을 연애에도 적용합니다. 그래서 여러 가지 부작용이 생깁니다.

연애하다가 얼마든지 헤어질 수 있습니다. 물론 헤어짐은 슬픔이고 안타까운 일이 분명하지만 그렇다고 해서 연애를 시작하면 반드시 결혼해야 한다는 법은 없습니다. 연애는 탐색입니다. 상대방이 내 배우자로서 적합한지를 알아가는 과정입니다. 그런데 알아가다 보니 연애를 하기엔 적합하지만 배우자로서는 아니라는 판단이 들 수 있습니다. 그럴 때는 쿨하게 헤어질 수 있고 또 헤어져야 합니다. 결혼 대상자가 아니라는 생각이 들었는데 정 때문에 계속 사귄다는 건 불행한 일입니다. 문제는 쿨하게 헤어지기 위해서는 '탐색' 단계에서 관계를 유지했어야 했습니다. 연애를 결혼처럼 한 사람들은 쿨하게 헤어지기 어렵습니다. 관계가 깊으면 깊을수록 그 상처가 커지기 때문입니다.

연애를 탐색이라고 생각하고 그렇게 적절한 행동을 한 커플들은 헤어질 때도 쿨할 수 있습니다. 웃을 수 있고 다시 만나도 거리낌이 적을 수 있습니다.

싱글들이여!

당신은 어떤 연애를 꿈꾸는 있습니까? 또 어떤 연애를 하고 있습니까?

연애를 '결혼' 처럼 하고 있지는 않나요? 아니면 '탐색' 처럼 하고 있나요?

당신이 정말 지혜롭다면 연애를 '탐색' 처럼 하세요. 상대방을 알아가는 과정으로 인지하세요. 언제 헤어져도 쿨할 수 있도록 관계를 유지하세요. 그게 지혜니까요.

15화
솔로, 맞선 제안이 들어오다

수요일 저녁이었다. 퇴근을 준비하고 있는데 핸드폰이 울렸다. 엄마였다.

"엄마다. 밥은 잘 챙겨 먹고 다니니?"

"이제 정리하고 먹으려구요. 그런데 웬일이세요?"

"이놈아! 웬일은 무슨 웬일! 엄마가 자식한테 전화하는데 꼭 무슨 일이 있어야만 한다디?"

솔로는 엄마의 목소리 속에 무언가 할 말이 있다는 것이 직감으로 느껴졌다.

"아유~ 물론 엄마 말씀이 다 맞습니다. 그건 그렇고, 하실 말씀 있으시죠?"

"이놈이 나이를 먹더니 점쟁이가 다 됐네 그려. 전화로 말하기는 좀 그렇고 금요일 저녁에 집으로 와! 오랜 만에 같이 저녁 먹게. 우리 아들! 뭐

먹고 싶은 거 없어? 엄마가 해 놓을 테니까."

  먹고 싶은 거 해놓는다는 엄마의 말을 듣자마자 솔로는 본능적으로 군
침을 삼켰다.
  "역시 우리 엄마가 최고라니까! 엄마! 다른 건 말구요. 잡채 좀 해주세
요. 고기 좀 팍팍 넣구요. 우리 엄마표 잡채 안 먹어본 지가 너무 오래됐어
요."
  "내 그럴 줄 알았다. 엄마가 잡채 맛있게 해놓을 테니까 너무 늦지 말
어. 알았지?"
  "알았어요. 늦어도 7시까지는 도착하도록 할게요."
  솔로 모친은 아들이 서른일곱이 되도록 장가를 못 가는 게 너무 속상했
다. 자기 아들보다 인물도 조건도 별 볼 일 없는 남의 자식들은 장가도 잘
가더만…. 왜 그렇게 많은 아가씨들이 자기 아들의 진가를 못 알아보는지
이해할 수 없었다. 더 이상 그냥 두고만 볼 수는 없었다. 무슨 일이 있더라
도 올해가 지나기 전에 꼭 아들을 장가보내야겠다는 생각뿐이었다.

  금요일이었다. 미리 업무를 처리해 놓은 솔로는 6시가 넘자 퇴근을 했
다. 부모님 집은 화명동이라 안 막히면 20분 거린데 퇴근 시간에는 많이
막혔다. 특히 오늘은 주말인 금요일 저녁이기 때문에 평소보다 많이 막힐
것 같았다. 아나나 다를까 차는 많이 막혔고 간신히 7시 5분 전에 도착할
수 있었다.
  중앙동에서 작은 꽃가게를 하시는 아버지께서도 일찍 오셨다. 오랜만에

가족이 둘러앉아 맛있는 저녁식사를 했다. 엄마는 사과를 깎으며 콧노래를 불렀다. 엄마가 어떤 일을 하면서 콧노래를 부르는 건 상당히 기분 좋을 때 나타나는 현상이었다. 궁금해진 솔로가 물었다.

"엄마! 뭐 기분 좋은 일 있으시죠?"

"아무렴! 아주 기분 좋은 일이 있지."

얼굴 한 가득 웃음을 머금고 사과를 깎던 엄마는 사과를 내려놓고 안방으로 가서 무언가를 가져왔다. 사진이었다, 한 여자가 미소를 짓고 있는.

사진 속에 여자는 서글서글한 눈매에 또렷한 이목구비를 가지고 있었다. 뛰어난 미인이라고 할 수는 없지만 이국적인 미(美)를 담고 있는 얼굴이었다. 사진을 유심히 바라보는 솔로의 얼굴을 보고 엄마는 함박웃음을 지었다.

"어때? 미인이지?"

"네. 이 정도면 예쁘네요. 근데, 누군데요?"

솔로의 질문에 눈치도 없는 놈이라는 표정으로 혀를 찼다.

"누구긴 누구야. 너랑 선 볼 아가씨지."

"저랑 선을 볼 아가씨요?"

솔로는 속으로 깜짝 놀랐다. 자기가 지금까지 만난 그 어떤 여자들보다도 괜찮은 여자였기 때문이었다. 그런데 이런 여자가 나랑 맞선을 보다니?

"왜? 안 믿겨져? 그래. 나도 아직 실감은 안 난다. 너, 엄마 친구 춘자아줌마 알지? 그 아줌마 동창 딸인데 지금 초등학교 선생님이란다. 나이는 서른넷이고. 뭐 여자 나이치고 조금 들긴 했다만 너랑 네 살 차이니까 딱 좋잖아. 직업 좋겠다, 인물 좋겠다. 내가 너 장가보내려고 사방팔방으로 네 자랑 하고 다녔는데 마침 춘자 아줌마가 동창한테 네 얘길 했더니 자기 딸하고 한번 만나보게 하고 싶다고 얘기 했다지 뭐야. 그 집도 딸이 자꾸 나이를 먹어가니까 마음이 조급해진 게지. 난 혹시라도 인물이 아주 빠지나 싶어 걱정했는데 사진 받아보니까 안심되더라. 아니, 실은 이 애미, 안심되는 정도가 아니라 너무 좋아 혼자 울었다. 지금까지 너 장가 못 가 속이 타들어 갔었는데 이제야 딱 맞는 인연을 만났나 싶어서 말이야."

말을 하는 중에서도 엄마의 눈엔 눈물이 그렁그렁 맺혀 있었다.

솔로의 마음도 놀라움과 기쁨이 교차했다.

'나에게 이런 행운이 찾아오다니…'

아무리 생각해도 결남결녀 모임의 기도회 시간에 열심히 기도한 것에 대한 응답이 아닐까 싶기도 했다. 솔로가 엄마에게 물었다.

"엄마! 이 아가씨는 어느 교회에 다닌데요?"

그 순간 엄마 표정이 굳어졌다.

솔로는 엄마의 표정을 보는 순간 짐작되는 게 있었다.

"혹시 교회 안 다니는 건 아니죠?"

침묵을 지키던 엄마가 잠시 후 입을 뗐다.

"그래. 교회 안 다닌단다."

"엄마! 뭐라고 하셨어요?"

"뭘 뭐라고 해! 교회 안 다닌다고 했지."

엄마의 목소리엔 짜증이 섞여 있었다.

"그 집안 종교가 불교래. 그렇다고 독실한 불자는 아니고. 1년에 한 번,

사월 초파일에만 가는 정도라니까."

솔로는 기가 막혔다.

"엄마! 그래도 이건 아니죠. 예수 안 믿는 사람하고 어떻게 결혼을 해요? 전 싫어요."

단호한 표정으로 솔로가 말하자 엄마는 역정을 냈다.

"이놈아! 교회 안 다니면 어때? 네가 결혼해서 전도하면 될 거 아냐! 아 인물 좋고, 직업 좋고, 성품도 좋다는데 종교가 아무려면 어때? 니가 지금 교회 다니고 안 다니고 따질 형편이야?"

솔로는 답답했다. 같이 흥분하면 안 되겠다 싶어 크게 심호흡을 했다. 그리고 차근차근 말을 이어갔다.

"엄마! 엄마가 어떤 마음이신지 잘 알아요. 저도 좋은 사람 만나 결혼해서 잘 살고 싶어요. 그래요. 엄마 말씀대로 저 사진 속에 아가씨, 세상적인 기준으로 보면 저에게 과분한 상대예요. 하지만 제가 요즘 발견한 하나님의 뜻이 있어요. 불신자와는 절대 결혼해서 안 된다는 거예요."

엄마는 답답한지 가슴을 치며 말했다.

"너는 왜 내 말을 못 알아들어? 니가 전도하면 될 거 아냐, 전도하면!"

"전도할 수도 있겠죠. 하지만 전도 못할 수도 있잖아요. 일단 사귀고 나서 나중에 교회 안 나온다면 헤어지자고 그래요? 그건 아니잖아요. 죄송해요 엄마. 저 맞선 안 볼래요."

"아이고, 답답한 놈아! 앞으로 이런 맞선 자리가 들어올 것 같아?"

그때였다. 곁에서 한참을 듣고 있기만 하던 아버지가 입을 열었다.

"그만 하구려. 당신 마음이야 알지만 교회에서 권사 직분 받은 사람이 안 믿는 며느리 얻으려는 게 말이 돼?"

그러자 엄마가 따지듯이 말했다.

"왜 말이 안돼요? 뭐 나만 그래요? 작년에 결혼한 11구역 이 권사네 큰 아들도 안 믿는 며느리 얻었고, 지난주에 결혼한 성가대 대장하는 최 권사 둘째 아들도 안 믿는 며느리랑 잘만 결혼시키더만요."

"어허! 그만 하라니까 그래! 다른 권사들이 제대로 안 한다고 당신도 제대로 안 하겠다는 거야 뭐야 지금! 그게 하나님 제대로 믿는 사람들이 할 짓이야? 솔로도 자기 인생이 걸린 일인데 생각 없이 행동하겠어? 그렇게 안달복달할 시간에 하나님 앞에 좋은 며느리 달라고 기도나 더 해!"

아버지가 큰 소리를 내자 엄마는 입을 삐죽 대면서도 아무 말 하지 못했다.

솔로는 깜짝 놀랐다. 지금까지 아버지께서 엄마에게 큰 소리 치는 것을 단 한 번도 본적이 없었기 때문이었다. 한편으로는 자신의 결정을 지지해 주는 아버지께 고마움을 느꼈다.

"아버지, 엄마! 심려 끼쳐드려서 죄송해요. 실은 드릴 말씀이 있어요. 저 얼마 전부터 교회 다니는 청년들이 결혼을 준비하는 모임에 나가고 있어요. 거기서 좋은 강의도 듣고 다른 교회 청년들도 만나고 있으니까 너무 염려마세요."

솔로의 말을 듣던 엄마의 얼굴에 화색이 돌았다.

"그래? 이것아, 그런 말을 왜 이제 해. 거기 혹시 니 마음에 드는 아가 씨는 있구?"

솔로는 순간 정하의 얼굴이 떠올랐다. 하지만 아직은 말을 꺼낼 단계가 아니었다.

"엄마두 참! 아직 없어요."

"그래. 어쨌든 이 애비도 널 위해 매일 기도하고 있다. 틀림없이 좋은 짝을 주실 테니 염려 말어."

자신을 위해 매일 기도하고 있다는 아버지의 말을 듣는 순간 가슴이 뭉클해졌다.

솔로는 집으로 돌아오면서 자신의 결정에 대해 다시 한 번 생각해봤다.

만약 결남결녀 모임에 나가 강의를 듣지 않았더라면 종교와 상관없이 세상적인 조건이 좋은 여자와의 만남을 거부하지 않았을 것이다. 아니, 만남뿐만이 아니라 할 수 있으면 결혼도 했을 것이다. 하지만 이제는 달라졌다. 그 어떤 조건보다도 믿음이 가장 중요한 우선순위로 자리 잡았다. 조건이 아무리 좋아도 믿음이 없으면 결혼하지 않을 것이다. 반면에 세상적인 조건이 부족할지라도 믿음이 있는 사람을 만나 결혼할 거라고…

16화
배우자 기도, 왜? 어떻게?

"반갑습니다. 초롱초롱한 눈으로 저를 바라보고 있는 여러분들을 보니 오늘도 열심히 강의해야겠다는 생각이 듭니다. 오늘도 먼저 질문으로 시작할게요. 혹시 현재 배우자 기도를 하고 계시는 분 손 한번 들어 보세요."

'배우자 기도라니?'

솔로는 지금까지 20년이 넘도록 교회에 다니면서 한 번도 좋은 배우자를 얻게 해 달라고 기도해 본 적이 없었고, 그 사실을 깨닫는 데는 10초도 걸리지 않았다. 다른 사람들은 어떨까 싶어 살짝 주위를 둘러보니 스무 명 남짓 앉아 있는 사람들 가운데서 손을 든 사람은 세 사람이었다.

"세 분 손 드셨네요. 됐습니다. 내리세요. 그럼 나머지 열일곱 분은 현재 배우자 기도를 안 하고 있다고 봐도 되겠네요. 그렇죠?"

사람들은 고개를 끄덕였다.

"우리가 잠깐 살펴본 대로 여기 모인 분들은 모두 교회에 다니지만 스무 명 가운데 세 분을 제외하고 나머지 분들은 현재 배우자 기도를 안 하고 있으시잖아요. 그건 다른 교회 청년들도 마찬가지입니다. 70~80%는 좋은 배우자를 얻게 해 달라는 기도를 안 하고 있습니다. 그렇다면 그 이유는 뭘까요? 몇 분께 물어볼 테니 그냥 편하게 대답해 보세요."

박 목사는 마이크를 들고 테이블이 있는 쪽으로 걸어 나오며 전체를 둘러봤다.

"얘기해 주세요. 왜 배우자를 위한 기도를 안 하고 계시죠?"

박 목사는 마이크를 솔로의 얼굴 쪽으로 들이밀었다.

어떤 말을 해야 할지 몰라 당황해 하는 솔로를 보며 박 목사는 웃으며 말했다.

"솔로 형제님! 너무 당황하지 말고 그냥 편하게 얘기하시면 돼요. 혹시 배우자 기도를 왜 해야 하는지 필요성을 잘 느끼지 못했기 때문에 기도하지 않았던 건 아니었을까요?"

"마…맞습니다. 배우자 기도를 해야 하는 건지 잘 모르고 있었습니다."

솔로를 향한 시선을 거두고 박 목사는 전체를 바라보며 말했다.

"그래요. 갑자기 질문해서 당황했을 텐데 솔로 형제님이 아주 솔직하게 잘 말해줬어요. 교회에 다니는 청년들이 배우자 기도를 하지 않는 첫 번째 이유는 기도의 필요성을 잘 알지 못하기 때문입니다. 왜 배우자 기도를 해야 하는지 모른다는 거죠. 많은 청년들과 얘기하다 보면 배우자 기도는 부모가 자식을 위해 해주는 기도쯤으로 생각하는 경향이 있더라구요. 자기가 해야 한다는 사실을 잘 모르는 거죠."

듣고 보니 그 말이 맞았다. 솔로는 지금까지 5년 동안 순장을 맡아 순을 이끌면서도 기도 제목 나눌 때 배우자를 위한 구체적인 기도 제목을 나누는 순원들을 본 적이 없었다. 순장인 자신도 마찬가지였다. 교회를 위해서, 청년회를 위해서, 가족을 위해서, 직장 문제를 위해서 기도해 본 적은 있지만 단 한 번도 좋은 배우자를 달라고 기도해 본 적은 없었으니까 말이다.

"성경말씀을 한 구절 같이 읽어볼까요? 누가복음 11장 9절입니다. 성경책 가져오신 분은 찾아보세요. 찾으셨으면 함께 읽겠습니다. 시작!"

"내가 또 너희에게 이르노니 구하라 그러면 너희에게 주실 것이요 찾으라 그러면 찾아낼 것이요 문을 두드리라 그러면 너희에게 열릴 것이니."

"여러분들이 잘 알고 있는 말씀이죠? 그러면 이 말씀의 핵심이 뭘까요?"

"기도하는 일이 중요하다, 뭐 이런 거 아닐까요?"

종신이 대답했다.

"맞습니다. 그런 의미도 있죠. 그런데 핵심적인 내용을 한 마디로 표현하면 이렇습니다. 기도해야 주신다! 구해야 주신다는 겁니다. 하나님의 자녀인 우리는 인생을 사는 동안 기도한 것에 대해 받기도 하고, 찾기도 하고, 열리기도 하는 응답을 경험하게 됩니다. 그런데 무조건 그렇게 된다는 게 아니란 거죠. 받기 위해서, 찾기 위해서, 닫힌 문을 열기 위해서 먼저 내가 해야 할 행동이 있다는 겁니다. 뭘 해야 하는 거예요?"

"구하고, 찾고, 두드리는 행동이요."

정하가 자신 있게 대답했다.

박 목사가 웃으며 말했다.

"잘 아시네요. 우리 아버지 하나님께서는 가장 좋은 것, 최고의 것을 우리에게 주고 싶어 하십니다. 여러분들도 믿으시죠?"

"아멘!"

"그런데 한편으론 자녀 된 우리가 역시 아버지 하나님께 능동적으로 반응하기를 원하세요. 어떻게요? 기도로 표현하기를 원하시는 거죠. '아버지! 저에게 이런 게 정말 필요합니다. 꼭 갖고 싶어요. 그러니 주셔야 해요. 제 마음 아시죠? 주실 거죠? 감사해요, 하나님! 꼭 응답해주실 줄로 믿어요.' 이렇게 말이에요. 감이 먹고 싶으면 어떻게 해야 될까요? 감나무 밑에 누워서 입만 벌리고 있기만 하면 안 된다는 거예요. 나무를 흔들든지, 장대를 가져다가 따든지, 자기 힘으로 정 불가능하다고 생각되면 따줄 수 있는 사람을 찾아가 부탁하든지, 어떻게 해서든 우리가 적극적이고 능동적인 행동하기를 우리 주님은 원하신다는 겁니다."

이 말씀을 듣는 가운데 솔로는 마음에 작은 찔림을 느꼈다. 그동안 바쁘다는 핑계로 기도하는 일에 너무나 소홀했기 때문이었다. 그렇다고 해서 한 번도 간절히 기도해 본 적이 없는 건 아니었다. 대학 졸업 이후 회사 몇 군데에 이력서를 내고는 기도하기 시작했다. 그런데 한 군데, 두 군데, 세 군데 … 이렇게 몇 차례, 면접 단계까지 가서 떨어지고 나자 마음이 조급해졌다. 이러다가 취직 못하는 건 아닐까 하는 생각에 기도는 점점 간절해졌고 주일뿐만 아니라 수요 예배와 금요 심야 기도회에 가서도 눈물로 기도했다. 기도의 응답이었는지 얼마 후 비록 대기업은 아니었지만 이름만 대면 알 수 있는 직장에 취직할 수 있었다. 하지만 바쁜 직장 생활을 해 나가면서 자신도 모르게 기도와는 점점 멀어졌고 오늘날까지 이르게 됐다. 생각해보니 지금까지 장가가지 못한 이유 가운데 하나가 바로 배우자를 위한 기도가 없었기 때문이 아니었을까 하는 생각도 들었다.

박 목사는 사람들을 보며 강의를 이어 나갔다.

"성경에 보면 필요를 적극적으로 구하라는 말씀이 많이 있습니다. 한 가지만 더 예를 들어볼까요? 누가복음 18장에 나오는 과부와 불의한 재판장의 이야기 잘 아시죠? 예수님께서 왜 이 비유를 말씀하셨을까요? 1절에 그 답이 나와 있어요. 제가 읽어 드릴게요. '예수께서 그들에게 항상 기도하고 낙심하지 말아야 할 것을 비유로 말씀하여', 이게 무슨 말이에요?"

미호가 대답했다.

"기도가 잘 응답되지 않을 때도 있다는 거 아닐까요?"

"비슷합니다. 예수님께서 이 이야기를 들려주신 목적은 바로 '당장 기도 응답을 받지 못한다 하더라도 포기하지 말고 계속해서 기도해야 한다.'는 사실을 알려주시기 위해서입니다. 보세요. 저는 지금까지 아무리 눈을 크게 뜨고 신구약 성경을 살펴봤어도 기도할 필요가 없다든지, 아니면 기도하지 않아도 주신다는 말씀은 단 한 번도 본 적이 없어요. 혹시 여러분들 가운데는 그런 말씀 본적이 있나요? 있으면 저에게 알려 주세요. 우리 인생의 총사령관 되신 주님께서는 적극적으로 기도하라고 '명령' 하셨습니다. '명령'은 뭐에요? 군대 다녀온 남자분들은 잘 아실 겁니다. 명령은 지키면 좋고, 안 지켜도 그만인 게 아니잖아요. 무슨 일이 있어도 반드시 지켜야 하는 게 '명령'인 거에요. 그렇기 때문에 우리는 '기도하라'는 주님의 명령에 순종해서 반드시 기도해야 하는 겁니다. 혹시 여러분 가운데서 적극적인 기도로 기적 같은 경험을 응답받은 경험이 있는 분계신가요?"

명진이 대답했다.

"제가 경험한 건 아니구요. 저희 큰언니가 경험한 건데 말해도 괜찮을까요?"

"그럼요. 가족이 경험한 일인데 괜찮고 말구요. 잠깐 앞으로 나와서 말씀해 주세요."

앞으로 나간 명진의 얼굴엔 쑥스러워하는 표정이 잠시 스쳐갔지만 이내 마이크를 자신의 입쪽에 맞추고 얘기를 시작했다.

"저희 큰 언니는 서울에 있는 경희의료원 간호사인데요. 병원에 취직하기 전의 일이었어요. 간호 대학교를 졸업하고 병원에 이력서를 넣었는데 경쟁률이 아주 높았어요. 종합병원이었기 때문에 그만두는 사람이 별로 없어서 결원이 있을 때에만 신입 간호사를 뽑았던 거죠. 그런데 그 자리가 안 날 때는 1년이 지나도 안 날 때가 있어서 졸업하고도 한참 동안 대기하고 있는 언니 선배들도 많았는데요."

"아주 어려운 상황이었던 것 같은데 어떻게 하셨나요?"

"불안해하고 있는 언니를 보던 엄마께서 함께 기도원에 가자고 제안 하셨어요. 어려운 일이지만 3일 동안 금식하며 기도하면 하나님께서 응답해 주실 거라는 생각이 드셨데요. 그래서 엄마와 큰언니는 가까운 기도원에 가서 3일 동안 금식하며 취직을 위해 간절히 기도하고 돌아 왔구요. 그런데 기도원에 다녀오고 난 다음날 병원에서 연락이 왔어요."

"왠지 기분 좋은 연락이었을 것 같은데요?"

"네. 합격했다는 연락이었어요. 언니 동기들 중 어느 누구도 합격했다는 연락을 받지 못했는데 저희 언니만 합격을 한 거죠. 저희 가족들은 너무 너무 기뻤구요. 하나님께 적극적으로 기도하면 반드시 응답해 주신다는 사실을 경험했던 사건이었어요."

예정에 없던 명진의 미니 간증(?)이 끝이 나자 곳곳에서 작은 탄성들이 터져 나왔고, 박 목사가 앞으로 나와 다시 말을 이었다.

"명진 자매님! 귀한 경험을 나눠주셔서 감사해요. 그렇습니다. 하나님께서는 우리가 구하기 전에 이미 우리의 필요를 아시는 분이십니다. 모든 것을 다 아시는 전지하신 분이시니까요. 하지만 우리가 입 꾹 다물고 가만히 있기보다는 입을 열어 기도할 때 더 기뻐하십니다. 왜요? 우리는 기도를 통해 하나님과 교제하고 소통하게 되잖아요. 기도하는 순간만큼은 우리가 하나님께 생각을 집중하잖아요. 하나님은 그런 우리의 모습을 원하시고 기뻐하십니다. 여러분도 믿으십니까?"

"아멘!"

"저도 기도를 통해서 기적 같은 응답을 받은 그런 경험이 있어요. 제가 재작년에 카페교회를 개척할 때의 일이었습니다. 교회를 사임하고 개척에 대한 응답을 받았을 때 환경적으론 개척하기 불가능에 가까운 상황이었죠. 왜냐하면 먼저 돈이 한 푼도 없었어요. 부교역자 생활하면서 모아놓은 돈도 없었고, 어떤 교회에서 개척을 도와주겠다고 약속한 곳도 없었으니까요. 그렇다고 부모님께서 개척을 도와주실 만큼 넉넉한 형편도 아니었구요. 그리고 개척 맴버도 없었어요. 제 고향은 서울이기 때문에 부산은 전에 사역했던 교회의 교인들 말고는 아는 사람 하나 없는 낯선 땅이었죠. 돈도 없었고 함께하겠다는 사람도 없는데 개척한다는 건 바보 같은 짓 아니에요? 여러분들은 어떻게 생각하세요?"

"네! 저도 그렇게 생각합니다!"

"큭큭!"

종신의 재치 있는 대답에 사람들은 작은 소리로 웃음을 터트렸다. 박 목사도 웃으며 말했다.

"솔직한 대답, 완전 마음에 들었어요. 그래요. 인간적인 생각으로는 돈도 사람도 없이 부산에서 개척한다는 건 바보 같은 행동이에요. 하지만 하나님의 생각과 방법은 다르더라구요. 말씀에 순종하여 맨땅에 헤딩을 하면 머리가 깨지는 게 아니라 땅이 갈라지고, 계란으로 바위를 치면 강하고 단단한 바위가 쩍쩍 소리를 내며 갈라지니까요. 제가 원해서 하는 개척이 아니라 하나님의 명령이었기 때문에 저는 믿음으로 순종했어요. 교회를 개척할 장소와 사택 장소를 알아보러 다니며 간절히 기도했죠. 얼마나 간절히 기도했는지 여러분들은 모를 거예요."

박 목사는 그때의 기억이 생각난 듯 잠깐 말을 멈췄다.

"그렇게 기도를 시작한 지 한 달이 되었을 때였습니다. 전혀 상상하지도 못했던 뜻밖의 인물을 통해서 개척 자금을 채워주셨어요. 물론 사택을 얻을 수 있는 물질도 곧바로 채워주셨죠. 그래서 이 참좋은북카페 교회가 탄생된 거랍니다. 저는 그 경험을 통해서 하나님이 명령하신 대로 구하고 찾고 두드릴 때 기적 같은 기도응답을 받는다는 사실을 분명하게 깨달을 수 있었어요. 그렇다면 배우자를 구하는 문제도 마찬가지겠죠. 인생을 살면서 중요한 일 세 가지를 꼽으라고 한다면 그중 하나가 결혼입니다. 누구를 만나 결혼하느냐 하는 건 아무리 강조해도 지나치지 않을 만큼 중요한 일이거든요. 그런데 이렇게 중요한 일을 위해 간절히 기도하지 않는다는 건 놀라울 만큼 어리석은 일인 거죠. 제가 어떻게 훌륭한 아내를 얻게 되었는지 혹시 궁금하세요?"

"네! 궁금해요. 말씀해 주세요!"

사람들은 한껏 기대감으로 외쳤다.

"와우~ 여러분들의 반응을 보니 얘기를 안 하면 한 대 맞을 정도로 큰일 나겠는데요.

박 목사는 아내를 불렀다.

강단 앞에 선 사모는 인사를 했다.

"안녕하세요. 제 이름은 조선미이구요. 나이는 서른넷입니다. 만으로는 서른셋이구요. 저희 목사님하고는 일곱 살 차이가 난답니다. 인사가 많이 늦었죠?"

선미 사모의 말은 이어졌다.

"제 바람이 있다면 여기 모인 분들이 서로의 짝을 만날 수 있으면 좋겠다는 거예요. 이제 거의 끝날 때가 다 되었는데 적어도 한두 커플이라도 말이죠. 끝까지 최선을 다해서 여러분들을 돕겠습니다. 감사해요."

앞으로 나온 박 목사는 전체를 바라보며 말했다.

"제 아내의 소개를 통해 들으셨듯이 저랑은 나이 차이가 아주 조금 납니다."

조금이란 말에 여기저기에서 웃음이 터져 나왔다.

"제 이야기를 해 드릴게요. 저는 올해로 결혼한 지 만 8년 됐습니다. 결혼할 당시 저는 서른셋 노총각이었고, 아내는 스물여섯이었죠. 만난 지 얼마 안 되어 교제하게 됐고 짧게 연애한 다음 결혼했습니다. 당시 아내는 제가 청년 담당 전도사로 부임해간 교회 청년이자 담임 목사님 딸이었구요. 당시 아내와 저는 나이 차이가 많이 나기도 했지만 특히 제가 가난했기 때문에 목사님 딸이었던 아내와 연애나 결혼은 생각도 안했습니다. 그런데 하나님께서 저를 불쌍히 여기셔서 보시다시피 이렇게 귀한 아내를 허락하셨습니다."

강단 위에 놓인 물로 목을 축이고는 박 목사는 말을 이어나갔다.

"저는 원래 결혼을 빨리 하고 싶었어요. 스무 살에 어머니께서 세상을 떠나신 후로 외로움을 많이 느꼈기 때문인지 정확히는 잘 모르겠지만 일찍 결혼하고 싶다는 마음은 분명했습니다. 얼마나 빨리하고 싶었냐면 스물다섯 살 이전에 결혼하는 것이 목표였습니다. 그런데 스물다섯은커녕 그로부터 8년이라는 세월이 지난 서른세 살까지도 장가를 못 갔습니다. 빨리 가정을 갖고 싶었던 저로서는 상상하지도 못했던 일이었죠. 오랜 시간 동안 연애를 못했다면 이해라도 했겠는데 연애는 스무 살 때부터 줄곧 했었거든요. 상대가 자주 바뀌어서 문제였지."

이 말을 하며 사모쪽을 향해 익살스러운 표정을 짓자 사람들은 재미있다는 표정으로 함께 웃었다.

박 목사는 계속 강의를 진행했다.

"연애는 하는데 상대방과 결혼으로 이어지지 않는 거였어요. 이십대까지는 아직 어려서 그런가 싶었어요. 그런데 서른이 넘어서도 결혼을 못하니 마음이 조급해졌어요. 신학대학교 동기들은 거의 다 시집 장가를 갔는데 맨날 일찍 장가갈 거라고 큰소리친 제가 결혼을 못하고 있으니 조금 창피하기도 했구요. 물론 제 말을 듣는 어떤 분들은 남자 나이 삼십대 초반에 뭘 조급하게 생각하는가 하고 의아하게 여기는 분들도 있을지 모르겠습니다. 그런데 목회자들은 다른 사람들보다 일찍 결혼하는 거 아세요?"

"네! 저희 청년부 담당 목사님께서도 스물다섯에 장가가셨답니다!"

용하는 큰 소리로 대답했다.

"그래요. 그래서 저는 서른을 넘기고 나서 왜 결혼을 못하고 있을까를 진지하게 생각해보게 됐습니다. 인간적으로 보면 이유는 많았죠. 나이는 많지, 대학원 공부도 남아 있었지, 모아놓은 돈은 없었지, 얼굴은 동안이었지만 키는 작았지…. 와우 키 얘기가 나오니 제 말에 공감하는 형제들이 몇 명 보이는데요!"

이번엔 남자들이 멋쩍은 표정을 지었고 여자들은 서로를 보며 웃었다.

"그런데 이렇게 인간적인 준비들만 부족했던 게 아니었더란 말이죠. 영적 준비도 잘 안 되어 있다는 것도 깨달았습니다. 어떤 영적 준비였냐면 바로 '배우자 기도'였어요. '결혼을 하고 싶다'는 마음은 컸지만 '좋은 배우자를 만나게 해달라'고 간절히 기도하지는 않았어요. 순간 '하나님은 우리가 범사에 기도하기를 원하시고, 마음에 소원이 있다면 더 간절히 기도하기를 원하신다는 사실을 누구보다도 잘 알고 있었으면서도 나는 왜 결혼이라는 인생의 중요하고 큰 문제를 위해서는 기도하지 않고 있었을까?' 하는 사실을 깨닫고 충격을 받았어요. 제 스스로에게 말이죠. 하나님께서 저에게 원하시는 것이 바로 '배우자를 위한 구체적인 기도'라는 것을 깨닫자 저는 바로 기도하기 시작했습니다. 그런데 그냥 기도하지 않았어요. 기도 제목을 종이에 하나씩 적었습니다. 이렇게요. 모두 앞에 파워포인트를 봐주시겠어요?"

강단 옆 텔레비전을 통해 큼직한 글자들이 보이기 시작했다.

"첫째는, 신앙의 뿌리가 깊은 집안에서 성장한 자매였어요. 왜요? 여러분들 앞에 서서 강의하고 있는 제가 신앙의 뿌리가 없었거든요. 저는 불신자 가정에서 자랐습니다. 고등학교 2학년 때 처음 교회에 나갔구요. 교회에 나가기 전까지 저희 집안은 물론이고 친척들조차 교회 다니는 사람들이 하나도 없었어요. 물론 지금은 많아졌지만요. 어쨌든 교회를 막 다니기 시작한 그때, 가장 부러웠던 대상이 믿음의 가정에서 자란 친구들이었어요. 온 가족이 함께 신앙 생활하는 모습이 너무 부러운 거에요. 정말 많요. 물론 저처럼 중간에 믿은 사람들이 모태신앙에 비해서 신앙적으로 더 열정이 있다는 장점이 있기도 하지만 제 배우자만큼은 믿음의 연조가 있는 가정에서 성장한 사람이면 좋겠다는 바람을 가졌던 거죠. 둘째는 음악을 전공한 자매였어요. 왜 그랬을까요?"

갑자기 뒤쪽으로 간 박 목사는 한 규태에게 마이크를 가져갔다.

"규태 형제! 배우자를 위한 저의 두 번째 기도 제목이 '음악을 전공한 자매'였습니다. 왜 그랬을까요?"

규태는 잠시 멈칫 하더니 이내 이렇게 말했다.

"목사님이 음악을 좋아하셨기 때문이었을 것 같은데요!"

"빙고!!!"

박 목사는 그 자리에 서서 계속 강의를 이어나갔다.

"맞아요. 특별한 이유가 뭐 있겠어요. 제가 음악을 듣거나 찬양하는 것을 많이 좋아했기 때문에 두 번째 기도 제목을 '음악을 전공한 자매'라고 적은 거죠. 아내와 함께 듀엣으로 찬양도 하고, 아내의 반주에 맞춰 노래도 부르고…. 생각만 해도 멋지잖아요. 그런데 기도 제목으로 '음악 전공'을 적을 때 저는 피아노나 성악을 생각했거든요. 헌데 만나고 보니 아내는 음대 출신이긴 한데 성악도 피아노도 아닌 작곡 전공인 거예요. 그래서 저는 하나님께 물었죠. '하나님! 피아노도 성악도 아닌 작곡은 또 뭡니까?' 그랬더니 나중에 깨달음을 주시더라구요. '호준아! 작곡은 피아노나 성악처럼 한 쪽으로 전문적이진 않지만 여러 가지 분야를 두루 아우르는 힘이 있단다.' 어때요? 여러분들도 동의하시나요?"

박 목사의 말에 몇 사람이 고개를 끄덕였다.

"셋째는 한 번 따라해 봅시다. '대인관계가 좋은 자매'"

"대인관계가 좋은 자매!"

"잘하시는데요! 셋째 항목은 여러분들이 방금 말한 대로 '대인관계가 좋은 자매'였습니다. 질문 하나 드릴 테니 알아 맞춰 보세요. 제 혈액형이 뭘까요?"

그때 중간 테이블에 앉아 있던 현란이 외쳤다.

"O형이요!"

"와! 틀렸어요! 다른 분!"

"B형!"

종신이 자신 있게 말했다.

"이번에도 땡! 자! 혈액형이란 혈액형은 다 나올 것 같아서 제가 그냥 말씀드릴게요. 사람들이 소심하다고 말하는 혈액형이 있습니다. 뭐죠?"

"A형이요!"

"맞습니다. 그 A형이 바로 접니다. 어때요? 소심한 A형이라니 좀 의아했죠? 제가 외향적으로 보이나 봐요. 대부분 저를 처음 만나는 사람들은 앞서 두 분이 말씀하신 것처럼 O형이나 B형으로 봐요. 그런데 겉으로 그렇게 보여질 뿐 타고난 성격은 내성적인 편입니다. 물론 목회를 하면서 사람들에게 먼저 다가가야 했기 때문에 외향적인 성격으로 많이 변하긴 했지만 근본적인 성격이 내성적이라는 거죠. 그래서 솔직히 말씀드리자면, 지금도 낯선 사람들을 만나고 사귀는 일이 즐겁거나 쉽진 않아요. 다른 사람들을 만날 때 에너지를 얻는 게 아니라 혼자 있을 때 에너지가 충전되는 스타일이기도 하구요. 그래서 저는 대인관계의 폭이 좁은 편입니다. 이런 제 성격을 알고 있었기 때문에 배우자만큼은 외향적이고 대인관계를 잘 풀어나갈 수 있는 자매였으면 하고 기도했던 거죠."

앞쪽으로 천천히 걸어나오던 박 목사는 솔로에게 물었다.

"솔로 형제는 혈액형이 뭔가요?"

"저도 목사님처럼 A형입니다."

"그럼, 저처럼 내성적인 스타일인가요?"

"네. 그런 편인데요."

"얼굴에 '나 내성적이요' 하고 써 있어요. 배우자는 활발한 성격의 소유자를 만나길 바랍니다! 아멘?"

"아멘!"

솔로는 자신 있게 대답했다.

박 목사는 강단에 서서 텔레비전을 손으로 가리켰다.

"자, 이번엔 배우자 기도 네 번째입니다. '연애 시작부터 결혼까지 1년을 넘지 않게' 입니다. 이 기도 제목은 좀 특이하죠? 연애 시작부터 결혼까지 1년을 넘지 않게 해달라고 기도한 건 왜였을까요?"

박 목사는 잠시 말을 멈추고 대답을 기다렸지만 쉽게 대답하는 사람은 없었다.

"대답하기 어렵죠? 정답을 알려드릴게요. 따라합시다. '탄로나니까'"

"탄로나니까!!"

사람들은 재미있다는 듯 따라했다.

"뭐가 탄로난다는 걸까요? 바로 제 정체가 탄로난다는 거죠. 어떤 정체가요? 여러 가지 면에서 부족한 사람이라는 정체 말이죠. 교제하는 시간이 지나면 지날수록, 상대방의 눈에서 콩깍지가 벗겨지면 벗겨질수록 보이지 않았던 상대방의 단점도 드러납니다. 다들 경험해 보셨죠? 저도 그 사실을 알고 있었거든요. 오래 연애하는 것이 나에게 유리한 게 아니라 절대 불리하다는 걸 말이죠. 언더스탠?"

"알았다스텐!"

주영의 대답에 사람들은 큭큭 거렸다.

"와~ 주영 형제! 센스 있는 대답이었어요. 네 번째까지 했으니까 다섯 번째로 넘어갈게요. '장인 장모의 큰 반대가 없게' 입니다. 뭐라구요?"

"장인 장모의 반대가 없게!"

"그래요. 다섯 번째 기도 제목은 장인 장모의 큰 반대가 없이 결혼할 수 있게 해달라는 거였어요. 서로 뜨겁게 사랑하면 어떤 반대와 어려움을 물리치고서라도 결혼할 수는 있겠지만 너무 큰 반대를 겪으면 상처가 크게 남잖아요. 그러면 그 상처 때문에 나중에 결혼하고 나서도 처가와의 관계가 껄끄러울 수도 있구요. 특히 제가 호탕하고 잘 잊어버리는 외향적인 성격이라면 모르겠지만 오래 기억하는 내성적인 스타일이라 하나님이 원하시는 결혼이라면 장인 장모의 큰 반대 없이 순탄하게 할 수 있게 해달라고 기도한 거죠."

박 목사의 말을 듣던 솔로는 직장 상사가 술자리에서 해 준 이야기가 생각났다. 내용을 요약하면 이렇다. 상사는 이십대 후반에 친구의 주선으로 만난 여자와 첫눈에 반해 사랑에 빠졌고, 2년 간 연애 끝에 결혼 승낙을 받으러 상대방 부모님을 찾아뵀단다. 그런데 지금의 장인이 처음 보는 자리에서 대놓고 역정까지 내시며 반대해서 쫓겨나다시피 집을 나왔단다. 나중에 알고 보니 장인이 반대한 이유가 상사의 집안도 넉넉지 않은데다가 장남이었기 때문이었단다. 눈에 넣어도 아프지 않을 만큼 사랑스러운 딸이 어려운 형편의 집안에 들어가 시부모까지 모시고 고생할까봐 적극 반대를 했던 것이었다. 상사는 자존심이 상해서 포기할까도 생각했단다. 하지만 그놈의 사랑이 뭐라고, 다시 찾아가 몇 차례 무릎 꿇고 빌기를 반복해서 간신히 승낙을 받았단다. 그런데 결혼해서 아이까지 낳고 사는데 장인께 받은 마음의 상처가 쉽게 회복되지 않더란다. 장인은 결혼하고나자 자기가 언제 그렇게 반대했냐는 듯 처가에 갈 때마다 반겨주고 챙겨줬지만 상사는 그런 장인을 볼 때마다 과거의 기억들이 자꾸 되살아나서 결혼한 지 10년이 지난 지금까지도 영 어색하고 불편하다는 것이었다.

"여섯 번째는 어떤 것이었을까요? '너무 예쁘지도, 너무 못생기지도 않은 평범한 외모의 자매를 달라'는 것이었습니다. 제 아내를 보세요. 예쁘지도, 못생기지도 않고 지극히 평범하게 생겼죠?"

"미인과 사시면서 뭘 그런 말씀을 하세요!"

박 목사 앞에 앉아있던 도희가 살짝 째려(?)보며 말했다.

"농담이니까 자신 있게 말하죠, 하하. 여하튼 남자들 예쁜 여자 좋아하는데 옛말에 '얼굴값 한다'는 말 아세요? 남자든 여자든 얼굴이 잘나면 그 값을 하기 마련입니다. 무조건 좋기만 한 건 아닙니다. 물론 그 반대의 경우도 마찬가지구요. 이렇게 배우자를 위한 구체적인 기도 제목 여섯 가지를 써놓고 간절히 기도했습니다. 다시 한번 정리해 볼까요? 제가 '첫째!' 하면 여러분들이 앞에 화면을 보고 큰 소리로 말해주세요! 첫째!"

"신앙의 뿌리가 깊은 집안에서 성장한 자매!"

"둘째!"

"음악을 전공한 자매"

"옳거니! 셋째!"

"대인관계가 좋은 자매!"

"잘한다! 넷째!"

"연애 시작부터 결혼까지 1년을 넘지 않게!"

"정답! 다섯째!"

"장인 장모의 큰 반대가 없게!"

"끝으로 여섯째!"

"평범한 외모의 자매!"

"와~ 여러분들 보고 읽는 실력(?) 대단한데요! 여러분들이 말씀하신 것처럼 저는 이렇게 여섯 가지 기도 제목을 놓고 기도했고, 하나님은 기가 막히게 응답해 주셨습니다. 이 중에서 몇 가지나 응답하셨을까요? 궁금하시죠? 몇 가지나 응답하셨는지, 또 어떻게 응답하셨는지 5분만 쉬고 바로 알려드리도록 할게요."

5분간의 휴식이 끝나자 사람들은 각자 자리로 돌아왔고 박 목사의 강의는 이어졌다.

"짧지만 잘 쉬셨으리라 믿고 강의 바로 시작하겠습니다. 아까 제가 어디까지 말했었는지 기억나시나요?"

"목사님의 배우자를 위한 기도 여섯 가지를 말씀하셨습니다."

미호가 웃는 얼굴로 말했다.

"맞습니다, 미호 자매님. 잘 기억하고 있네요. 배우자를 위한 구체적인 기도를 해야겠다는 깨달음을 서른두 살에 얻고 난 다음에 여섯 가지 구체적인 기도 제목을 종이에 적어가며 간절히 기도했다고 말씀드렸죠. 이번엔 그 여섯 가지 기도 제목 중에서 몇 가지나 응답 받았는지 또 어떻게 응답 받았는지를 말씀드릴게요. 저의 첫 번째 기도 제목은 신앙의 뿌리가 깊은 집안에서 성장한 자매였습니다. 어떻게 됐을까요? 제 아내는 모태 신앙일 뿐만 아니라 삼대 째 신앙의 집안에서 자랐습니다. 기대이상으로 응답된 거죠. 두 번째 기도 제목이 뭐였다구요?"

"음악을 전공한 자매요!"

사람들이 한 목소리로 말했다.

"그래요. 음악 전공한 자매를 아내로 얻게 해 달라고 기도했더니 음대에서 작곡을 전공한 아내를 주셨습니다. 이건 아까 말씀 드렸으니까 길게 설명하진 않을게요. 세 번째는 대인관계가 좋은 자매를 달라고 기도했다고 말씀드렸습니다. 응답 됐을까요? 응답 안 됐으면 말도 안 꺼냈겠죠. 아내는 혈액형이 O형의 외향적인 성격입니다. 기질적으로는 안정형이기 때문에 다른 사람을 잘 맞춰줄 줄도 압니다. 그래서 대인관계의 폭이 넓습니다. 친구들도 많고 사람들도 잘 사귀는 편이구요. 실제로 부교역자로 있을 때 몇 년간의 사역을 마치고 다른 교회로 갈 때 교인들이 슬퍼하는 거예요. 그래서 저는 저와의 헤어짐이 섭섭해서 그런가 보다 싶어 우쭐했습니다. 그랬더니 사람들이 그러더라구요. 저 때문이 아니라 제 아내와 헤어지는 게 많이 슬프다구요. 하하하. 자! 네 번째가 뭐였죠?"

"연애시작부터 결혼까지 1년을 넘지 않게요."

사람들이 호흡을 착착 맞춰 이구동성으로 말했다.

"맞습니다. 그 기도 역시 응답 받았어요. 2004년 2월에 아내와 정식으로 교제를 시작해서 5월에 프러포즈 하고, 그 해 10월에 결혼했으니까요. 연애 시작부터 결혼까지 대략 8개월 정도 걸린 셈이죠. 다섯 번째는요?"

"장인 장모의 큰 반대가 없게요!"

"사실 이 부분은 쉽게 응답되기 어려울 줄 알았어요. 다른 사람들 몰래 교제를 시작했고, 두 달쯤 지나서 아내가 장모님께 저와 교제하기 시작했다고 말씀드렸답니다. 그랬더니 반대를 안 하시더래요. 저를 좋게 보셨던 거죠. 이에 용기를 얻은 아내가 장인어른께도 교제한다고 말씀드렸더니 펄쩍 뛰시더랍니다. 무슨 일이 있어도 박 전도사와 결혼은 안 된다고 말이에요. 장인어른은 아내가 공부도 잘했고 음악도 전공했기 때문에 의사, 변호사 같이 '사' 자가 들어가는 사람들과 결혼해야 한다고 생각하셨던 거죠. 물론 저도 당시에 '사' 자가 들어가는 직업군에 속하긴 했지만요."

"하하하"

사람들이 재미있다는 듯 웃었다.

"저는 장인어른의 마음이 충분히 이해됐어요. 저처럼 나이 많고 가진 것 없는 노총각 전도사가 어린 딸과 사귄다고 하니 마음에 안 드신 건 당연한 일이었겠죠. 저에게 직접적으로 반대한다는 말씀을 하시진 않았지만 아내에게 계속해서 사귀지 말라고 말씀하시고, 계속 사귀면 저를 쫓아내겠다고 하셨다는 말을 전해 듣고 결혼이 쉽지 않겠다는 생각이 들었습니다. 기도 제목은 순탄한 결혼이었지만 순탄치 않더라도 절대 이 여자를 놓칠 수 없다는 결심이 섰어요. 사랑했으니까요. 그래서 장인어른께 욕먹고 몇 대 맞는 한이 있더라도 끝까지 포기하지 말아야겠다는 생각을 가지고 계속 교제했답니다. 그러던 중에 제가 아내에게 프러포즈를 했고, 아내는 집에 들어가서 제 프러포즈를 승락했다는 말을 부모님께 드렸죠. 반응이 생각보다 빨리 오더라구요. 바로 그 다음날 담임 목사님과 사모님께서 저를 부르시더라구요. 장인어른이 단도직입적으로 말씀하시데요. '오래 사귀어봤자 좋을 거 없으니 빨리 결혼하라' 구요. 저는 깜짝 놀랐지만 이렇게 순탄하게 결혼을 허락받은 건 기도 응답이라는 사실을 깨달았죠. 이제 마지막 하나 남았네요. 여섯 번째가 뭐라구요?"

"평범한 외모의 자매요!"

"그래요. 너무 예쁘지도 못 생기지도 않은 평범한 외모의 자매를 달라고 기도했는데 이것만 응답 못 받았어요. 왜요? 세계 최고의 미인(?)을 주셨으니까 말이죠."

박 목사의 말에 선미 사모의 얼굴은 빨개졌고 사람들은 키득거렸다.

장난끼 어린 표정으로 박 목사는 말을 이어갔다.

"뭐, 여러분들이 어떻게 생각하시든 상관없어요. 남편인 내 눈에 아내 얼굴이 세계 최고의 미녀이면 되는 거잖아요. 여기 앉아계신 분들도 미남미녀 얻을 생각하지 말고 자기 안목을 바꿔 달라고 기도하세요. 주님도 그런 기도를 기뻐하시니까요."

"목사님! 저는 얼굴 안 봅니다. 그냥 참한 자매가 저에게 시집만 와주면 감사하죠."

농담반 진담반인 종신의 말에 사람들의 얼굴에 웃음꽃이 피었다.

"그래요. 정말 좋은 자세예요. 배우자를 위한 구체적인 기도는 정말 중요합니다. 놀랍게도 하나님께서는 배우자를 위한 제 여섯 가지 기도를 정확하게 응답해 주셨어요. 예수님께서는 요한복음 15장 7절에서 이렇게 말씀하셨습니다. 같이 읽어 볼까요?"

"너희가 내 안에 거하고, 내 말이 너희 안에 거하면 무엇이든지 원하는 대로 구하라. 그리하면 이루리라."

"그래요. 주님께서는 무엇이든지, 우리가 마음에 소원이 있으면 원하는 대로 구하라고 하셨어요. 창조주 하나님은 우리 아버지시고 우리는 그분의 자녀입니다. 자식은 부모에게 필요한 것을 달라고 요청할 권리가 있어요. 배우자를 위한 여러분의 소원을 솔직하게 하나님 앞에 기도로 아뢰되 구체적으로 목록을 적으세요. 그럴 때 아버지이신 하나님은 놀라운 응답을 보여주십니다. 믿으시죠?"

"아멘!"

사람들의 목소리에 처음과는 달리 기대와 소망이 한껏 묻어 있었다.

"그런데 여기에서 한 가지 조심해야 할 부분이 있습니다. 자녀 된 우리가 필요한 것을 원하는 대로 하나님 아버지께 구하는 것은 문제가 되지 않지만 내 욕심을 채우기 위해 정욕으로 구하면 곤란합니다. 잘못 기도하면 아무리 구체적이고 간절한 마음으로 기도해도 응답 받을 수 없다고 성경은 분명히 말씀하고 있거든요. 야고보서 4장 3절을 표준새번역으로 같이 읽어볼까요?"

"구하여도 얻지 못하는 것은 자기가 쾌락을 누리는 데에 쓰려고 잘못 구하기 때문입니다."

박 목사는 사람들을 보며 말했다.

"많은 사람들이 기도하지 않아 응답을 경험하지 못하지만 어떤 사람들은 기도해도 잘못 구하기 때문에 응답을 경험하지 못합니다. 또 한 가지 더 기억해야 할 것이 있습니다. 내 뜻보다 주님의 뜻대로 이뤄지길 기도하는 겁니다. 마가복음 14장에 보면 십자가 고난을 앞두신 예수님께서는 세 명의 제자들을 데리고 겟세마네 동산에 가십니다. 그곳에서 주님은 땀방울이 핏방울이 되도록 간절히 하나님 아버지께 기도하셨는데 마지막에 이렇게 말씀하셨습니다. 36절입니다. 제가 읽어 드릴게요. '이르시되 아빠 아버지여 아버지께는 모든 것이 가능하오니 이 잔을 내게서 옮기시옵소서 그러나 나의 원대로 마시옵고 아버지의 원대로 하옵소서 하시고.'

이게 무슨 말입니까? '하나님 아버지! 저 십자가 지기 싫어요. 너무 고통스럽고 창피해요. 아버지의 능력으로 제가 십자가에서 죽지 않게 해주세요.' 앞부분은 이런 의미거든요. 그런데 그것으로 끝이 아닙니다. 그것까지만 기도하고 끝났다면 예수께서 메시아가 되실 수 없죠. 그 뒤에 이어서 하시는 기도가 중요합니다. 뭐에요? 36절 하반절에 '그러나 나의 원대로 마시옵고 아버지의 원대로 하옵소서 하시고' 이 말은 무슨 뜻이에요?

'십자가에서 죽고 싶지 않은 게 내 뜻이지만 십자가에서 죽는 게 아버지 뜻이라면 그대로 따르겠습니다.' 라는 거잖아요. 예수님께서는 자기의 소원을 하나님 아버지께 솔직하게 아뢰었지만 궁극적으로 자기 뜻이 아닌 하나님의 뜻이 이뤄지기를 바라셨습니다. 마찬가지입니다. 내가 기도한 것과 다른 모양으로 응답하시더라도 그것이 분명한 하나님의 뜻이라면 받아들일 줄 알아야 합니다. 왜 그럴까요? 누가 한번 대답해 볼까요? 현란 자매! 왜 그럴까요?"

현란이 잠시 생각한 다음에 대답했다.

"글쎄요. 제 생각엔 하나님의 뜻대로 하는 것이 나에게 유익이 되기 때문인 것 같은데요."

"정답입니다. 감사해요. 현란 자매님이 얘기한 대로 내 뜻대로가 아니라 하나님의 뜻대로 응답 되는 것이 궁극적으로 나에게 유익하기 때문입니다. 제가 카페교회 개척한 이야기를 잠깐 한 적이 있죠? 그 얘기를 다시 잠깐 짚고 넘어가 볼게요. 제가 교회를 개척한 건 작년이지만 교회를 개척하고 싶다는 마음은 4~5년 전부터 계속 가지고 기도하고 있었습니다. 제가 어떻게 기도했을까요?"

박 목사는 전체를 바라봤다.

"열심히 기도하지 않으셨을까요?"

용하의 대답에 박 목사는 빙그레 웃으며 말을 이었다.

"맞아요. 열심히 기도했지요. 그런데 더 중요한 건 구체적으로 기도 했다는 거예요. 어떻게 기도했냐면 이렇게 구체적으로 기도했어요. '첫째,

큰 교회에서 안정적인 후원을 받고 개척하게 해 주세요. 둘째, 3~4가정 정도 개척 맴버와 함께 시작할 수 있게 해주세요. 셋째, 특별한 형태의 교회로 개척할 수 있게 해주세요. 넷째, 서울 아니면 수도권에 새로 생기는 신도시에 개척할 수 있게 해주세요'.

어때요? 구체적이죠? 그런데 하나님은 제가 기도한 대로 응답하셨을까요? 결론부터 말하자면 '아니올시다'였어요. 네 가지 기도 제목 중에 단한 가지만 응답됐으니까요. 첫째, 큰 교회의 후원으로 개척하게 해달라고 했는데 후원은커녕 새로 부임한 담임 목사님에 의해 쫓겨났어요. 둘째, 개척 맴버가 있는 상태에서 개척하게 해달라고 했는데 개척 맴버 하나 없이 우리 부부 둘이 시작했어요. 셋째, 특별한 형태의 교회로 개척하게 해달라고 했는데 이건 응답됐어요. 부산 최초의 북카페교회를 개척했으니까요. 넷째, 서울이나 수도권에 개척하게 해달라고 했는데 전도하기 제일 어렵다는 부산 지역에 개척하게 됐어요. 제가 원하는 대로 응답되지 않으니까 처음엔 당황했고 낙심했어요. 하지만 분명한 주님의 계획이 있다는 것을 믿었기 때문에 앞으로 전진할 수 있었죠. 만약에 말이죠. 처음부터 내가 원한 대로 개척이 되었으면 어땠을까요? 규태 형제 한번 추측해 보세요."

규태는 너무 어려운 질문을 받았다는 듯이 머리를 긁적였다.

"잘 모르겠습니다!"

"조금 어려운 질문이었나요? 저는 생각해봤죠. 제가 원한 대로 개척이 되었으면 어땠을까 하고 말이죠. 그랬더니 머릿속에 단어 하나가 떠오르더라구요. 바로 '교만'이었습니다. 제 기도 제목 그대로 응답해 주셨다면 저는 엄청나게 교만해졌을 겁니다. 제가 제 자신을 알잖아요. 인간은 본능적으로 편한 것을 원해요. 여러분 혹시 카레 좋아하세요? 저는 아주 좋아합니다. 총각 때 카레를 얼마나 먹었는지 몰라요. 카레를 좋아하지만 만들어 먹자니 재료 다듬고 요리하는 게 번거롭고 시간이 걸리니까 그냥 마트에서 3분 카레 사다가 렌지에 데워서 먹었어요. 정말 편해요. 하지만 건강에는 어떨까요? 맛은요? 즉석 카레요리가 아무리 그럴듯하게 보여도 만들어 먹는 것보다 맛도 없고 건강에도 안 좋아요. 그래서 건강과 맛을 생각한다면 번거롭더라도 직접 만들어 먹어야 합니다. 마찬가지예요. 우리는 3분 카레 같은 완제품을 달라고 하나님께 기도하지만 하나님께서는 카레와 채소 같은 재료들만 공급해 주실 때가 있어요. '비록 시간이 걸리고 힘들더라도 만들어 먹어보라'는 겁니다. 왜요? 우리에게 더 유익하니까요."

박 목사는 컵의 물을 한 모금 마셨다.

"결혼도 이와 마찬가지입니다. 배우자를 위해 기도할 때 내 뜻은 A, B, C, D인데 하나님께서는 A, B, C나 때로는 A, C 어떤 때는 A만 응답하시는 경우가 있습니다. 그러면 많이 구했는데 한 가지만 응답하셨다고 실망하거나 낙심할 수 있어요. 하지만 그것이 분명한 하나님의 뜻이라고 믿는다면 '아멘!' 하고 믿음으로 받아들여야 합니다. 그 A 하나 보고 결혼할 수 있어야 합니다. 나머지 B, C, D는 살아가는 과정 속에서 하나님 보시기에 가장 적절한 때에 천천히 채워주실 테니까요. 한 시간 후에 일어날 일도 알지 못하는 지극히 제한적이고 연약한 나의 판단을 믿는 것보단 미래까지 꿰뚫어 보는, 모든 것을 아시는 주님의 판단을 믿는 것이 더 지혜롭지 않을까요? 앞의 화면에 있는 마태복음 6:31-32 말씀 같이 읽어볼까요?"

"그러므로 무엇을 먹을까 무엇을 마실까 무엇을 입을까 하고 걱정하지 말아라. 이 모든 것은 모두 이방사람들이 구하는 것이요 너희의 하늘 아버지께서는 이 모든 것이 너희에게 필요하다는 것을 아신다."

"그렇습니다. 하나님은 우리에게 필요한 것이 무엇인지 우리보다 훨씬 더 잘 아십니다. 따라서 우리의 뜻이 이루어지는 것보다 하나님의 뜻이 이루어지는 것이 더 중요합니다.

정리할게요. 먼저 배우자기도, 왜? 그리고 어떻게 해야 하는지를 배웠습니다. 다들 기억하시죠?"

"넵!"

"왜 기도해야 한다구요? '우리가 원하는 것을 구체적으로 기도하기를 하나님이 원하시기 때문입니다. 그러면 어떻게 기도해야 한다구요? 첫째, 솔직하고 구체적으로 하되, 정욕으로 구해서는 안 됩니다. 둘째, 내 뜻이 아니라 주님의 뜻에 맞는 배우자를 만나게 해달라고 구해야 하구요. 다 정리하셨죠?"

"정리됐습니다!"

박 목사는 고개를 끄덕였다.

"좋습니다. 하나님은 우리의 작은 신음에도 반드시 응답하십니다. 그러니 간절한 마음으로 기도한다면 응답은 더 말할 것도 없겠죠? 솔직하게 기도하되 구체적으로 기도하셔서 하나님이 기뻐하시는 짝을 만나시길 축원합니다."

사랑의 팁 여덟

사랑은 노력하는 겁니다.
상대방을 정말 사랑한다면 그 사람에게 최고의 것을 주기 위해서 노력하는 모습이 필요합니다.

처음만나 사귀기 시작하다 사랑에 빠지기 시작하면 눈에 꽁깍지가 씌워집니다. 그런 까닭에 남자든 여자든 상대방을 사랑하는 만큼 사랑하는 사람에게 최고의 모습을 보여주기 위해서 노력하기 시작합니다. 예를 들어 연애 전에는 화장하는 일에 별로 신경 쓰지 않던 여자가 연애 후에는 화장을 정성들여 하기 시작합니다. 박스티처럼 편안한 옷을 선호했던 사람이 연애 후에는 자신의 여성스러움을 나타내는 옷들을 사 입기 시작합니다.

이런 일이 어디 여자뿐일까요? 남자들도 별반 다를 게 없습니다. 연애 전엔 스파게티나 파스타는 절대 식사가 아니라 간식일 뿐이라고 외치며 얼큰한 찌개나 탕을 선호했던 남자도 사랑에 빠지면 데이트 코스에 여자 친구가 좋아하는 스파게티 전문점을 넣게 됩니다. 옷도

자주 빨아서 입구요, 평소에 거들떠보지 않았던 향수도 뿌리는 이상
행동(?)을 하기 시작하죠. 이런 모습들을 어떻게 평가해야 할까요? 바
로 '사랑하는 사람을 위한 노력'이라고 해야 할 겁니다. 동의하시죠?

　오해하진 마세요. 제 말은 겉모습만 요란하게 포장하라는 말이 아
닙니다. 정말 사랑한다면 사랑하는 사람을 위해서 내가 할 수 있는
'노력'을 하는 것이 바람직하다는 겁니다. 성경에서도 '사랑에는 수
고가 따른다'고 나와 있거든요. 그러면 사랑이 식어졌다는 것을 어떻
게 알 수 있을까요? 거꾸로 생각해보면 됩니다. 상대방을 향한 노력
이 게을러지고, 수고하고자 하는 욕구가 사라진다면 그건 사랑이 식
어졌다는 반증인 거죠.

　누군가를 사랑한다면 또 누군가에게 사랑받으려면 진심으로 노력
하세요. 한두 번 하고 마는 게 아니라 계속해서 해야 합니다. 쉽지 않
습니다. 인내가 필요합니다. 수고해야 합니다. 그러면 당신의 사랑은
점점 더 빛이 나게 될 겁니다.
　당신의 사랑은 더욱 풍성하게 될 겁니다.

17화

솔로, 배우자 기도를 시작하다

솔로는 강의를 들으면서 몇 가지 귀중한 깨달음을 얻었다. 첫째는 자신이 배우자를 위한 구체적인 기도를 한 번도 하지 않았다는 것이었다. 둘째는 하나님께서 이제는 자신이 배우자 기도하기를 원하신다는 것이었다.

솔로는 박 목사의 강의를 사람의 말이 아니라 하나님께서 자기 개인에게 주시는 레마의 말씀으로 들었다.

강의를 마친 박 목사가 전체를 보고 말했다.

"이 시간에는 여러분들이 생각하고 있는 배우자상을 구체적으로 적도록 하겠습니다. 평소에 '나는 이런 사람과 결혼하고 싶다'고 생각한 분들도 있을 것이고, 한 번도 생각 안 해본 분들도 있을 겁니다. 생각했던 게 있는 분들은 그것을 쓰면 되겠구요. 생각 안 해본 분들은 지금 생각해서 쓰시면 됩니다."

"목사님! 예를 하나 들어주시면 감사하겠습니다."

"그래요. 예를 하나 들어 드릴게요. 추상적인 기도 제목은 이런 겁니다. '성품이 좋은 사람 만나게 해주세요.' 같은 거죠. 성품이 좋다는 건 상당히 포괄적인 겁니다. 친절한 것도 성품이 좋은 것이구요. 성실한 것도 성품이 좋은 겁니다. 인내심이 있는 것도 성품이 좋은 것이고, 외향적인 것도 성품이 좋은 겁니다. 그렇죠?"

사람들은 무슨 말인지 알겠다는 듯 고개를 끄덕였다.

"따라서 '성품이 좋은 사람 만나게 해주세요'보다 '대인관계를 잘 맺는 사람' 같이 구체적으로 기도하는 것이 더 바람직합니다. 아셨죠?"

"네! 알겠습니다."

종신이 자신 있는 목소리로 대답했다.

"그러면 종이를 한 장씩 나눠드릴 겁니다. 배우자를 위한 기도 제목을 적되 구체적으로 적으세요. 많이 적으면 적을수록 좋습니다. 많이 적는 것에 대해서는 제한이 없어요. 하지만 적게 적는 것엔 제한이 있습니다. 아무리 적어도 다섯 가지 이상 적어야 합니다. 잘 생각해 보면 다섯 가지 이상은 충분히 적을 수 있습니다. 영적인 부분, 성품, 직업, 외모, 가족관계, 가치관, 취미 등등 영역이 상당히 많죠? 자! 30분의 시간을 드리도록 하겠습니다. 먼저 기도하시고 생각한 다음, 기도 제목을 다 기록한 분은 저에게 제출하세요."

구체적인 배우자 상을 적으라는 박 목사의 말에 솔로는 막막했다. 어떤 배우자와 결혼했으면 좋겠다는 생각을 평소에 별로 해본 적이 없기 때문이었다. 솔로는 두 눈을 감고 하나님께 기도하기 시작했다.

'아버지 하나님! 저에게 꼭 맞고 제가 소원하는 배우자가 어떤 스타일 인지 생각나게 도와주세요. 구체적으로 기도하기를 원합니다. 주님 말씀 해주세요.'

한참을 기도하는데 하나님은 솔로의 마음에 잔잔한 감동과 깨달음을 하나씩 하나씩 주셨다. 눈을 뜨고 마음에 깨달아지는 것들을 종이에 적어 나가기 시작했다.

첫째, 10년 이상 신앙생활한 자매

둘째, 내가 사랑하는 것만큼 나를 사랑하는 자매

셋째, 긍정적인 언어를 사용하는 자매

넷째, 정리 정돈을 잘 하는 자매

다섯째, 책 읽기를 좋아하는 자매

남들이 보기에는 어떨는지 몰라도 솔로는 기도 제목을 보고 만족했다. 그리고 반드시 날마다 이 기도 제목을 가지고 간절히 기도해야겠다는 결심을 했다. 기도 제목을 적은 사람들은 걷어 제출을 했다.

"구체적으로 잘 적으셨을 줄 믿습니다. 여러분들이 제출한 기도 제목은 깨끗하게 인쇄해서 코팅한 후에 다음 모임 때 나눠드릴 겁니다. 그러면 그것을 가지고 집에 가서서 가장 많이 보는 곳에 잘 붙여 놓으세요. 여자분들은 화장대 거울 앞에 딱 붙이시구요. 먹는 거 좋아하시는 분은 냉장고문 앞에 붙여 놓으세요. 중요한 건 볼 때마다 마음속으로 기도하는 겁니다. 명진 자매! 언제까지 기도해야 할까요?"

"좋은 사람 만나는 그날까지요?"

명진의 대답에 박 목사는 미소 지으며 대답했다.

"그래요. 좋은 사람 만나는 그날까지 꾸준히 해야 합니다. 그러면 반드시 하나님께서 여러분의 기도에 응답하십니다. 믿으시죠?"

"아멘!"

집으로 돌아온 솔로는 옷을 갈아입고 거실에 앉았다. 기도 제목 적은 것을 생각하니 마음이 뿌듯해졌다. 마음의 소원을 글로 표현했을 뿐인데도 한 자 한 자 적은 기도 제목들이 꿈틀거리며 살아나는 것처럼 느껴졌다. 뿐만 아니라 배우자로 소원하는 사람을 자기 곁으로 데려다 줄 것처럼 생각됐다. 이렇게 가슴 떨리는 두근거림을 느끼고 있는데 문득 이런 생각이 들었다.

'구체적으로 적는 것도 좋지만 하나님께 작정하고 기도하는 것이 더 중요하잖아!'

솔로는 새벽기도를 드리기로 결심했다. 그것도 당장 내일 아침부터, 기간은 40일 동안. 야근이 많은데다가 평소 야행성인 솔로에게 새벽기도는 정말 어려운 일이었다. 신앙생활을 하면서 봉사는 시키는 대로 할 자신이 있었지만 새벽기도와 금식만큼은 도저히 자신이 없었다. 그래서 기도 응답을 받기 위해 개인적으로 작정해서 새벽기도 드린 적은 단 한 번도 없었다. 하지만 이번엔 달랐다. 간절히 하나님께 매달려야 한다는 생각이 뇌리를 떠나지 않았다. 포기하지 않는 기도, 강청하는 기도, 끝까지 매달리는 기도를 통해서 응답을 경험하리라는 확신이 생겼다.

'그래! 찾고 구하고 두드려보자. 악한 자라도 자식에게 좋은 것으로 주고 싶어 한다는데 하물며 하늘에 계신 우리 아버지께서 자녀 된 나에게 꼭 맞는 배우자를 왜 안주시겠어?'

솔로는 자명종 알람을 4시 40분에 맞춰 놓고 평소보다 일찍 잠이 들었다.

다음날 새벽, 온 방안을 쩌렁쩌렁 울리는 자명종 소리에 잠이 깬 솔로는 졸린 눈을 비비며 옷을 걸쳐 입고 교회로 향했다.

새벽이라 거리엔 차가 하나도 없었다. 본당 문을 열고 들어가자 스무 명 남짓 되는 사람들이 모여 기도하고 있었다. 사람들과 떨어진 자리를 찾아 뒤쪽으로 앉았다. 스피커를 통해 잔잔히 들려오는 찬양 소리에 마음이 편안해졌다. 눈을 감고 기도를 시작하자 마음 한 구석에서 뜨거운 무엇인가가 꿈틀거리며 올라왔다. 그것은 점점 더 커지며 솔로의 마음을 가득 채웠다. 오래전에 잃어버렸던 하나님에 대한 '첫사랑'이었다.

'아버지…'

솔로의 머릿속엔 과거의 자기 모습이 마치 한편의 흑백 영화를 보는 것처럼 순식간에 스쳐 지나갔다. 평소에는 회사일이 바빠 하나님을 생각할 겨를이 없었다. 주일도 마찬가지였다. 늦잠 자고 일어나 아무런 기대감 없이 습관처럼 교회로 가서 형식적으로 예배를 드렸다. '예배의 감동' 같은 단어는 기억에서 사라져 버린 시 오래였다. 무감각한 예배를 마치면 순원들과 형식적인 모임을 갖고 집으로 돌아와 텔레비전 보는 것으로 주일이 마무리됐다. 부끄러웠다. 취직하기 전까지 솔로는 하나님의 일에 열정이 있었다. 찬양 팀으로, 주일학교 교사로 열심히 봉사도 했다. 수련회에 빠져본 적도 없었다. 누가 보더라도 믿음이 뜨거웠던 솔로였지만 지금은 그런 열정적이었던 모습은 어디론가 다 사라져버리고 어디서든 흔히 볼 수 있는 종교인이 되어 있었다. 이런 깨달음은 뒤통수를 망치로 한 대 얻어맞은 것 같은 강력한 충격을 가져다 주었다.

꼭 감은 솔로의 두 눈에선 한 줄기 뜨거운 눈물이 흘렀다. 어떤 의미의 눈물이었을까? 교회를 다니면서도 하나님을 잊고 살았다는 것에 대한 미안함 때문이었을까? 아니면 새벽을 깨울 수 있도록 깨닫게 하신 하나님에 대한 감사함 때문이었을까? 솔로의 눈물은 멈출 줄 몰랐다.

'아버지 하나님! 회개합니다. 용서해 주세요. 잃어버린 첫사랑, 다시 찾게 해주세요. 일주일에 단 한 번, 예배드리는 순간에만 하나님을 생각하는 것이 아니라 날마다 아버지 하나님을 마음에 모실 수 있도록 도와주세요. 바쁘더라도 시간을 쪼개 말씀을 묵상하고 기도할 수 있도록 도와주세요. 성령님께서 함께해 주세요.'

작정한 새벽기도 첫 날, 솔로는 그렇게 의자에 앉아 눈물로 기도하고 또 기도했다.

18화

솔로, 큐피트 화살을 날리다

결남결녀 7주간의 모임은 빠르게 지나갔다. 마지막 시간에는 모두 정장을 입고 오라는 박 목사의 말에 솔로는 양복을 새로 장만해서 입고 나갔다.

뷔페식으로 준비한 음식들을 테이블에 올려놓고 파티를 즐겼다. 특별한 형식은 없었다. 음식을 먹고 마시며 옆에 있는 사람들과 자연스럽게 대화를 나눴다. 그렇게 저녁 식사와 티타임을 마치자 박 목사가 앞으로 나왔다.

"준비한다고 했는데 식사는 맛있게 하셨나요?"

"최고의 만찬이었습니다!"

주영의 대답에 박 목사는 만족한 표정을 지었다.

"맛있게 드셨다니 저도 좋네요. 오늘은 맛있는 음식 이상으로 의미 있는 순서가 있다는 거 아시죠?"

사람들은 약간 상기된 표정이었다.

"여러분들의 긴장된 표정을 보니 마지막 순서를 손꼽아 기다린 것 같네요. 다 아시는 것처럼 5분 데이트 후에 '큐피트의 화살'을 날리는 시간을 갖도록 하겠습니다."

'큐피트의 화살'이란 순서는 이런 시간이었다. 마음에 드는 상대방을 마음에 생각해 놓는다. 그리고 나눠준 종이에 데이트하고 싶은 사람의 이름을 1지망부터 3지망까지, 즉 세 명까지 순서대로 적을 수 있었다. 마음에 드는 사람이 한 명이나 두 명이면 그 사람들의 이름만 적으면 되고 하나도 없으면 아무도 안 적으면 됐다. 그러면 그 종이를 거둬서 1지망에서 3지망 사이에 서로의 이름을 적은 사람들을 공개커플로 발표하는 방식이었다. 커플이 되고 싶으면 3지망까지 세 명의 이름을 다 적는 것이 유리했다.

'큐피트의 화살'을 날리기 전에 최종적으로 5분 데이트 순서가 있었다. 5분 데이트는 말 그대로 한 사람당 5분씩 돌아가면서 만나는 순서였다. 한 사람당 5분은 짧은 시간이지만 10명의 사람을 모두 만날 수 있었고, 그 시간에 호감이 있는 사람에게 자신의 마음을 고백해야 했다. 5분 데이트를 어떻게 하느냐에 따라 커플로 연결될 수도 있고 호감을 잃어버릴 수도 있었다. 여자들이 안쪽에 앉고 바깥쪽엔 남자들이 앉았다. 5분이 되면 벨이 울리고 남자들은 일어나서 옆 자리로 옮겨갔다.

'휴~ 긴장되네.'

솔로의 가슴은 두근거렸다.

저녁식사를 마칠 때까지도 별로 떨리지 않을 줄 알았다. 그런데 막상 5분 데이트를 시작하려니 긴장되고 떨렸다. 그런 가운데서도 솔로의 머릿속에는 오직 정하밖에 없었다. 다른 자매들도 괜찮은 사람들이 있었지만 솔로는 오직 정하가 자신의 이름을 적어 주었으면 하는 바람만 간절했다.

5분마다 자리를 옮겨가며 대화를 나누던 솔로는 드디어 정하 앞에 앉게 됐다.

자리에 앉는 솔로를 보며 정하는 환하게 웃었다. 그 웃는 모습이 너무나 사랑스럽게 느껴졌고, 가슴은 기쁨으로 벅차올랐다. 정하도 자신을 선택하리라는 확신이 한층 더 강하게 느껴졌다.

"정하 씨! 반가워요. 그런데 나 떨려요."

"에이. 왜 떨고 그러세요. 나이 생각을 하셔야죠."

정하의 장난스러운 표정은 너무 천진난만하고 예뻤다.

솔로는 용기를 냈다. 머뭇거리지 않았다. 자신감 있게 마음속에 준비한 말을 꺼냈다.

"정하 씨! 말하지 않아도 내 감정이 어떤는지 잘 알고 있으리라 믿어요. 정하 씨가 나를 생각하는 그 이상으로 나는 당신을 마음에 담고 있어요. 나에게 1지망은 오직 당신뿐이라는 거 알죠?"

정하의 볼은 홍당무처럼 빨개졌다.

그리고 그저 미소만 지을 뿐 아무런 대답도 하지 않았다.

고백을 마친 솔로의 마음은 알 수 없는 평안으로 채워졌다. 그때 이성과 대화할 때 시선을 맞추라는 박 목사의 말이 생각났다.

솔로는 자기의 간절한 마음을 담아 정하의 눈을 응시했다.

솔로의 시선에 잠시 멈칫하던 정하 역시 그 눈빛을 피하지 않았다.

둘은 아무 말 없이 그냥 서로의 눈을 바라봤다.

아니, 눈으로 많은 대화를 나누고 있었다.

잠시 후, 5분이 지났음을 알리는 벨소리가 울렸다.

각자 제 자리에 돌아가서 종이에 이름을 적어 넣었다. 솔로는 1지망에 '이정하'라고 또박또박 적었다. 그리고 나머지 2지망과 3지망은 빈칸으로 남겼다.

박 목사가 종이를 걷어가는 동안 솔로는 잠시 눈을 감고 간절히 기도했다.

'하나님 아버지! 제 맘 아시죠? 제 마음의 소원 아시죠?'

눈을 떠 주위를 바라봤다. 다른 사람들의 얼굴에도 긴장한 표정들이 역력했다.

그때 박 목사가 앞으로 나왔다.

"결남결녀 모임 마지막 시간을 마쳤습니다. 모두 수고하셨어요. 이제 커플 발표하는 순서만 남았습니다. 제 손에는 결과가 적힌 종이가 들려있어요. 살짝 긴장되는데요? 커플 발표 전에 미리 말씀드리자면 여기 모인 남녀 10쌍 가운데 다섯 쌍이 연결됐습니다. 생각보다 많이 연결됐네요. 우리 박수 한번 칠까요?"

"짝짝짝짝"

사람들은 힘차게 박수치며 환호했다.

박 목사는 사람들을 보며 흐뭇한 미소를 지었다.

"각자 몇 지망을 썼는지는 발표하지 않겠습니다. 커플로 연결됐다는 사실이 중요하잖아요. 자! 큐피트의 화살을 날려서 연결된 다섯 커플 발표합니다. 먼저 첫 번째 커플입니다. 김종신, 김명진 커플 탄생입니다! 축하합니다. 앞으로 나오세요."

종신, 명진이 쑥스러운 표정을 지으며 앞으로 나갔다.

사람들은 뜨거운 박수로 축하해 주었다.

"이제 두 번째 커플입니다. 궁금하시죠? 발표합니다. 이용하, 김도희 커플 탄생입니다!"

싱글벙글하는 용하와 차분한 표정의 도희도 앞으로 나갔다.

한 커플, 두 커플의 발표가 이어지자 솔로의 심장은 마치 100미터를 질주하고 있는 육상 선수처럼 힘차게 뛰기 시작했다. 한편으로는 혹시 정하가 자기 이름을 안 쓴 건 아닐까 하는 불안감도 잠시 스쳐 지나갔다.

'마음을 편하게 먹자. 나는 최선을 다했으니까….'

이런 생각을 하자 방금 전까지 그렇게 쿵쾅거리며 뛰던 가슴은 차분해지기 시작했다. 그리고 마음에 작은 여유가 생겼다.

"세 번째 커플입니다. 아주 잘 어울리는 한 쌍이라고 생각되는데요. 여러분들도 누군지 궁금하시죠?"

"네. 궁금합니다!"

앞에 나간 종신이 큰 소리로 외쳤다.

"알겠습니다. 자! 그럼 발표하겠습니다. 세 번째 커플은 김규태, 김현란 커플입니다. 축하합니다. 앞으로 나와 주세요."

발표시간 처음부터 계속 고개를 숙이고 있던 규태는 깜짝 놀란 표정을 지었다. 그리고 한달음에 앞으로 달려갔다. 현란은 미소를 지으며 앞으로 나갔다.

"네. 점점 흥미를 더해 가는데요. 네 번째 커플을 발표합니다. 이주영, 신미호 커플입니다."

네 번째 커플까지 발표됐는데도 자기 이름이 호명되지 않자 솔로의 마음은 가라앉기 시작했다. 아니, 가라앉다 못해 커플로 연결되지 않았을 거라는 절망감이 온 몸을 엄습했다. 마치 온몸에 피가 다 빠져나가버린 사람처럼 솔로의 얼굴은 하얗게 창백해졌다.

박 목사는 사람들을 쳐다보며 말했다.

"자! 마지막인데요. 다섯 번째 커플의 영광은 누가 차지할까요? 발표하겠습니다. 마지막 커플은 바로 김솔로, 이정하 커플입니다."

솔로는 자기 이름이 호명되는 순간 온 몸에 소름이 쫙 돋는 것 같은 전율이 느껴졌다. 가라앉은 가슴은 다시 쿵쾅거리며 전력질주를 시작했다. 정하는 얼굴이 빨개진 채 자리에 가만히 앉아 있었다.

솔로가 먼저 자리에서 일어나 앞으로 천천히 걸어가자 정하도 앞으로 나갔다.

박 목사는 다섯 커플을 앞에 세웠다.

"결남결녀 모임을 통해 아름다운 열매가 탄생했습니다. 저는 세 커플 정도 나오지 않을까 생각했어요. 그런데 생각보다 많은 무려 다섯 커플이 나왔습니다. 정말 축하할 일입니다. 하지만 알아둘 일이 있어요. 첫째, 앞에 나온 이 사람들이 공식적인 데이트 커플이 됐다고 바로 결혼하는 거 아 닙니다. 오해하지 마세요."

"하하하"

박 목사의 말에 사람들은 함께 즐거워했다.

"앞으로 건전하게 교제하면서 서로를 잘 탐색해 보라는 겁니다. 그렇게 서로를 알아가다 보면 더 깊게 사귀어야 할 사람인지 아닌지를 파악하게 될 테니까요. 대신 부탁드립니다. 적어도 세 번 이상은 만나봐야 합니다. 한두 번 만나고 결정하는 건 지혜롭지 않습니다. 두 번째 만남까지는 영 마음에 안 들었는데 세 번째 만남에서 상대방에 대한 호감을 느끼는 경우도 있거든요. 둘째, 이번에 커플에 실패하신 분들! 너무 실망하지 마세요. 다음에 또 기회가 있습니다. 2기에서는 여러분에게 꼭 맞는 사람을 하나님께서 붙여 주실 겁니다. 아셨죠? 모두 수고하셨습니다. 우리 하나님께 영광의 박수 올려드리도록 하겠습니다."

박 목사가 사람들은 큰 환호성과 긴 박수로 하나님께 영광을 돌렸다.

성공적인 연애를 위한 5가지 팁

1. 10년 이상 신앙생활을 한 자매

2. 나를 사랑하는 자매

3. 긍정적인 언어를 사용하는 자매

4. 정리 정돈을 잘하는 자매

5. 책 읽기를 좋아하는 자매

19화

김솔로, 드디어 프러포즈 하다

1순위로 서로를 적은 솔로와 정하는 공개적인 데이트를 시작했다. 짧다면 짧고, 길다면 길었던 7주 동안 솔로는 박 목사의 강의를 통해서 많은 것들을 배우고 깨달았다. 먼저 외모가 변했다. 솔로는 결남결녀 모임에 참석하기 전까지 옷 입는 일에 전혀 관심이 없었다. 그러나 모임을 통해서 외모도 최대한 매력적으로 가꿀 필요가 있다는 사실을 깨달았다. 매장에 가서 자신에게 잘 어울리는 최신 옷을 구입해 입기 시작했다.

그뿐 아니었다. 헤어스타일도 바뀌었다. 전에는 이발소였지만 이제는 미용실에 갔다. 아저씨 스타일을 포기하고 자연스러운 스타일로 파마도 했다. 헤어스타일 하나 바꿨을 뿐인데 전체적인 이미지가 훨씬 세련되고 젊어 보였다. 신발도 마찬가지였다. 1년 내내 어디를 가든, 누구를 만나든 신사화 하나만 신었었다. 추리닝을 입고도 신사화를 신고 돌아다녔던 솔로였다. 하지만 최근엔 운동화와 캐주얼한 구두를 장만해서 약속 장소에 맞게 바꿔 신었다. 솔로의 변신은 한 마디로 놀랠 노자였다. 부모님을 비롯해서 오랜만에 만난 친구들이 깜짝 놀랄 만큼 바뀌어 있었다.

솔로에게 찾아온 건 외적 변화뿐만이 아니었다. 내적 변화도 만만치 않았다. 먼저 자신감이 생겼다. 그동안 몇 번 만난 이성 앞에서 제대로 말도 못했던 이유가 바로 자신감 부족 때문이었다. 하지만 강의를 통해 하나님의 말씀을 묵상하고 기도하자 생각이 바뀌게 됐다. 자신이 별 볼일 없는 존재가 아니라 하나님의 사랑을 받는 존재임을 깨닫자 자존감이 높아졌다. 그리고 믿음을 가진 자매들이 결혼하고 싶어 하는 하나님에 대한 믿음을 가진 남자라는 사실을 깨닫는 순간 겨자씨만 했던 자신감은 거목처럼 큰 자신감으로 변했다. 자신감은 솔로의 행동을 긍정적으로 변화시켰다. 주변 사람들이 솔로의 변화를 분명히 알아차릴 만큼.

이런 변화는 솔로뿐만이 아니었다. 정하에게도 변화가 생겼다. 내적 변화였다. 결혼 대상자의 기준이 바뀌었다. 전에는 1순위가 능력이었다. 하지만 강의를 듣고 나서는 믿음으로 바뀌게 됐다. 능력이 아무런 의미가 없다는 것은 아니었다. 외모도 능력도 중요하지만 그것보다 더 중요한 건 믿음이라는 사실을 깨닫게 됐다. 뿐만 아니라 자신의 여성적인 매력이 무엇인지 주변 사람들에게 묻고 자기만의 장점을 더 발전시키려고 노력했다.
데이트를 하면서 정하는 눈에 띄게 변한 솔로의 모습에 놀랐고, 솔로 역시 더 매력적으로 변해가는 정하의 모습이 더욱 사랑스럽게 느껴졌다.

정식으로 교제한 지 두 달이 지나자 솔로는 프러포즈를 하기로 결심했다. 연애기간을 오래 끌지 말라는 박호준 목사의 조언을 실행으로 옮기기 위해서였다. 솔로는 고심했다. 어떻게 해야 정하가 절대 거절할 수 없는 프러포즈를 할지 생각하고 생각하고 또 생각했다. 먼저 인터넷과 연애에 관한 책들을 찾아봤다. 한 책에 여자는 높은 곳에 있을 때 심리적으로 'NO' 라는 말을 잘 못한다는 내용이 있었다.

'바로 이거야!'

솔로는 부산 시내에서 가장 높은 빌딩에 위치한 고급 레스토랑을 수소문 했다. 마침내 해운대 신도시에 랍스터와 스테이크를 맛있게 하는 레스토랑을 찾아냈다. 그곳은 음식만 맛있는 것으로 소문난 게 아니라 라이브 연주가 있는 레스토랑으로도 유명했다. 높은 장소만으로는 부족했다. 각종 선물과 책, 직접 쓴 시 그리고 멋진 멘트까지…. 솔로는 프러포즈에 사활을 걸고 한달 동안 최선을 다해 준비했다.

드디어 운명의 날은 다가왔다.

수요일 저녁이었다.

솔로는 정하에게 전화를 걸었다.

"정하 씨! 이번 주 토요일 저녁에 약속 있어요?"

스케줄을 머릿속에 떠올려보던 정하가 대답했다.

"아니요. 특별한 일 없는데요."

"그럼 저녁식사 같이 할까요?"

"그래요. 어디서 만날까요?"

"제가 정하 씨 집 근처로 갈게요. 맛있는 장소를 알아놨으니까 기대하셔도 좋을 거에요."

"정말이요? 벌써부터 기대되는 걸요? 그럼 토요일에 만나요."

정하의 목소리에는 기대감이 배어 있었다.

'아싸!'

전화를 끊은 솔로는 설레기 시작했다. 이 날을 얼마나 기다려왔던가! 드디어 솔로탈출의 기회가 왔다는 생각에 기대 반, 거절당할지도 모른다는 생각에 두려움 반, 싱숭생숭한 마음을 종잡을 수 없었다.

시간이 흘러 드디어 토요일 저녁이 됐다. 솔로는 정확히 약속시간에 맞춰 정하의 집 앞으로 갔다. 둘이 함께 차를 타고 도착한 곳은 해운대 신도시에 새로 들어선 고층 빌딩이었다.

엘리베이터를 타고 올라가 30층에서 내렸다.

문이 열리자 고급스러운 인테리어로 꾸며진 입구가 보였다. 깔끔한 정장을 입은 직원이 두 사람을 향해 활짝 웃었다.

"어서 오세요. 두 분이신가요?"

"네. 둘이에요. 예약했으니 확인해주세요. 이름은 김솔로구요."

명단을 살펴보던 직원이 말했다.

"예약 확인됐습니다. 이쪽으로 오세요."

직원은 솔로와 정하를 예약된 테이블로 안내했다.

테이블은 창가 바로 옆이었다. 고층이라서인지 유리창 너머로 해운대 바닷가가 한 눈에 보였다. 오늘따라 유난히 화창한 날씨는 솔로의 마음에 자신감을 더해주었다.

내부를 둘러봤다. 상당히 넓었다. 전면에는 그랜드 피아노가 있는 무대가 있었다. 그 위에서 가수나 연주자들이 공연을 하는 듯했다. 전체적인 분위기는 상당히 고급스러운 느낌이었고, 조금 이른 저녁 시간이었지만 사람들이 많이 앉아 있었다.

정하가 작은 목소리로 물었다.

"솔로 씨! 이런 데를 어떻게 아셨어요? 꽤 비쌀 것 같은데…."

"여기 찾아내느라고 인터넷 한참 뒤졌죠. 간신히 찾았어요. 부산 맛집에 등록되어 있더라구요. 랍스터와 스테이크로 유명한 곳인데 후기도 좋아요."

"그래두요. 늘 맛있는 거 사주셔서 그러지 않아도 미안한데…."

솔로는 싱글거리며 말했다.

"실은 이번 달에 생각지도 못한 보너스를 두둑하게 받았어요. 밤낮으로 매달렸던 프로젝트가 기대 이상으로 대박 났거든요. 그런 의미에서 한턱 쏘는 거니까 너무 부담 갖지 말고 그냥 편하게 식사해요."

정하의 마음은 한결 가벼워졌다. 그리고 데이트를 위해서 많이 신경 쓴 솔로의 마음이 느껴져 한편으론 고맙기도 했다. 특별한 소스를 얹은 랍스터와 후각을 기분 좋게 자극하는 향이 깃든 스테이크는 정말 일품이었다. 저녁식사를 하는 중에는 연주자들이 들려주는 라이브 음악이 분위기를 한껏 무르익게 만들어 주었다. 식사를 마치고 후식으로 커피를 마시며 담소를 나눴다.

갑자기 솔로가 웨이터를 불렀다. 그리고 웨이터의 귀에 몇 마디 속삭였다. 고개를 끄덕인 웨이터는 잠시 후 커다란 박스 하나를 테이블로 가져왔다. 상자를 받아든 솔로는 정하에게 내밀었다.

"정하 씨! 받아요. 오늘 우리가 만난 지 딱 100일째 되는 날이에요. 그래서 준비했어요."

정하는 깜짝 놀라며 상자를 받았다. 그리고 이내 미안해했다.

"어머, 벌써 그렇게 됐어요? 전 아무것도 준비하지 못했는데…."

"괜찮아요. 열어보세요."

정하는 조심스럽게 상자 앞에 있는 리본을 풀러 테이블 옆에 놓았다. 그리고 상자 뚜껑을 들어 올리는 순간 탄성을 질렀다.

"와! 정말 예뻐요. 이걸 어디서 구하셨어요?"

상자 안에는 수백 송이의 장미가 하트 모양을 이루며 빽빽이 들어 있었다. 장미들은 색색의 띠를 이루고 있었다. 마치 파스텔로 예쁘게 그린 무지개처럼….

그 장미를 쳐다보는 정하의 얼굴엔 놀람과 기쁨이 교차했다.

"마음에 드세요?"

"그럼요. 마음에 들고 말구요. 이렇게 예쁜 장미꽃은 처음 봐요."

정하의 대답에 솔로는 안도의 한숨을 내쉬었다.

"마음에 든다니 정말 다행이네요. 제가 이 장미상자 준비하느라고 꽃집을 정말 많이 찾아다녔거든요. 이게 끝이 아니에요. 잠깐만요!"

솔로는 가방 속에서 작은 상자를 꺼냈다. 'Swarovski'라는 로고가 적혀있었다. 상자를 열자 그 안에는 반짝이는 목걸이가 들어 있었다. 목걸이를 들고 자리에서 일어난 솔로는 정하의 뒤로 갔다. 그리고 허리를 숙여 정하의 길고 하얀 목에 목걸이를 걸어주었다. 정하는 깜짝 놀라 아무 말도 할 수 없었다. 아니, 무슨 말을 해야 할지 떠오르지가 않았다. 솔로의 난데없는 목걸이 선물에 당황과 기쁨이 교차했다.

목걸이를 만지며 환하게 웃고 있는 정하를 보며 솔로가 말했다.

"어떤 스타일의 목걸이가 어울릴까 한참을 고민했어요. 그런데 아무리 고민해 봐도 답이 안 나오더라구요. 그래서 그냥 많이 들어본 브랜드 제품으로 구입했어요. 마음에 들어요?"

정하가 어쩔 줄 모르는 표정을 지으며 말했다.

"그럼요. 너무 예뻐요. 받기에 너무 미안할 정도로요."

"이 정도 가지고 미안해하시기는 아직 일러요. 이거 받으세요."

솔로는 가방 속에서 책을 한 권 꺼내더니 정하에게 내밀었다.

책을 받아든 정하는 제목을 보더니 깔깔거리며 웃기 시작했다.

그 얇은 책 위쪽에는 '바보 온달과 평강 공주'라는 제목이 큼직하게 적혀있었다. 동화책이었다. 데이트를 하면서 솔로는 정하에게 이런 말을 자주 하곤 했다. 자신은 바보 온달이고 정하는 평강공주다. 그러니 정하가 자신을 온달 장군으로 만들어주었으면 좋겠다. 동화책을 받아 제목을 본 정하는 평소에 솔로의 그 멘트가 생각나 웃지 않을 수 없었다.

솔로는 웃음을 참지 못하고 있는 정하를 보며 의미심장한 미소를 지은 체 말했다.

"책장을 넘겨서 한 번 읽어보세요."

솔로의 말에 간신히 웃음을 멈춘 정하는 책장을 넘겼다. 첫 장을 천천히 읽어 내려가던 정하의 눈이 점점 커졌다. 깔깔거리며 유쾌하게 웃던 표정은 차츰 진지한 표정으로 바뀌었다. 동화는 이렇게 시작되고 있었기 때문이다. '옛날 옛날에 바보 솔로와 정하 공주가 살았는데…'

분명히 온달이라고 적혀 있어야 할 부분에는 솔로의 이름이, 평강이라고 적혀 있어야 할 부분에는 정하의 이름이 인쇄되어 있었다. 몇 장을 더 넘겨봐도 책속엔 솔로와 정하의 이름이 새겨져 있었다. 정하는 그제야 그 책이 세상에 단 하나밖에 없는 동화라는 사실을 눈치 챌 수 있었다.

정하의 마음에 작은 감동의 물결이 밀려왔다. 그리고 그 작은 감동의 물결은 점점 더 커지면서 온몸을 흔들어놓기 시작했다.

'이 사람이 나를 이렇게 좋아했구나…'

정하는 솔로의 얼굴을 쳐다볼 수 없었다. 아니, 쳐다볼 수 없었다기보다는 쳐다보지 않았다. 그의 얼굴을 보는 순간 눈물이 날 것만 같았기 때문이었다.

솔로는 책에서 시선을 떼지 못하고 있는 정하를 물끄러미 바라봤다. 이제야 비로소 자신의 마음이 전달됐음이 느껴졌다. 솔로는 양복 안주머니로 손을 가져갔다. 간직하고 있던 편지를 꺼내 정하에게 내밀었다.

"제가 정하 씨를 생각하면서 지난 밤 시를 하나 썼어요. 아침에 다시 읽어보니 너무 창피해서 찢어 버릴까 하다가 그냥 드리기로 결정했어요. 진심을 담았거든요."

솔로의 편지를 받은 정하의 손은 가볍게 떨리고 있었다. 하지만 그 떨림은 보는 이로 하여금 충분히 떨고 있음을 느낄 수 있을 만큼의 흔들림이었다. 정하는 아무 말 없이 파스텔 톤의 편지 봉투를 열고 편지지를 꺼내들었다. 아주 잠깐의 시간이 흘렀을까? 편지지 위로 눈물이 한 방울씩 떨어졌다. 정하는 소리 없이, 그렇게 울고 있었다.

"저… 도저히 못 읽겠어요. 솔로 씨가 대신 읽어주세요."

정하는 울먹이며 솔로에게 다시 편지지를 건넸다.

멋쩍은 표정으로 편지를 건네받은 솔로는 자신의 시를, 아니 진심이 담긴 사랑고백을 천천히, 또박또박 읽어 내려가기 시작했다.

"그대 있음에 나 비로소 행복이 무엇인지 알았습니다.

아침에 눈을 뜨면

내 속에 그대와 대화를 나눕니다.

꿈을 나눕니다. 사랑을 나눕니다…"

솔로가 편지를 읽는 동안 정하는 말없이 눈물을 흘렸다. 그런 정하를 보면서 솔로의 눈시울도 뜨거워지기 시작했다. 목소리가 떨렸다. 남자는 여자에게 사랑을 고백하고, 여자는 그 고백을 듣는 순간이었다.

읽기를 마친 솔로는 편지지를 접어 봉투에 집어넣었다.

그리고 자리에서 일어났다. 정하 곁으로 다가가 무릎을 꿇었다.

식사를 하고 있던 옆 테이블의 사람들이 이들을 쳐다보기 시작했다.

솔로는 다른 사람들의 시선이 느껴졌지만 아랑곳하지 않고 정하만을 바라봤다.

그리고 차분한 음성으로 말했다.

"정하 씨! 온 마음을 다해 당신을 사랑합니다. 저와 결혼해 주세요."

프러포즈 받을 것을 전혀 예상하지 못한 정하는 당황했다. 어떤 대답을 해야 할지 아무 생각도 나지 않았다.

솔로의 진심어린 선물을 하나씩 받으면서 그의 사랑고백이 있을 거라는 생각은 했다. 하지만 결혼해 달라는 말은 상상조차 못했다.

솔로는 대답 없이 자신에게 손을 맡기고 있는 정하를 보며 심장이 뛰었다. 어쩌면 거절당할 수도 있겠다는 생각을 했다. 하지만 여기에서 물러날 수는 없었다. 정하를 놓치면 앞으로 평생 후회할 것만 같다는 절박감이 있었다.

솔로는 한번 더 정하를 향해 간절한 마음을 담아 말했다.

"정하 씨! 새벽마다 기도했어요. 평생 당신만 사랑할 것을 약속합니다. 결혼해 주세요."

주변 테이블 사람들은 식사를 멈추고 호기심어린 눈으로 이 둘을 바라봤다.

그때였다. 정하가 속삭였다.

"네. 그럴게요."

솔로는 자기 귀를 의심했다. 그토록 기다려왔던 대답이었지만 막상 듣고 나니 믿겨지지가 않았다. 여전히 무릎을 꿇은 채 재차 다짐하듯 물었다.

"정하 씨! 지금 한말 진심이지요?"

그러자 정하는 얼굴을 들어 솔로를 쳐다봤다. 눈가는 눈물로 촉촉이 젖어 있었지만 뭔가 결심한 듯한 표정이었다.

"진심이에요. 솔로 씨 마음, 받아들일래요."

솔로는 그 자리에서 용수철처럼 튀어 올랐다. 두 주먹을 불끈 쥐고 터져 나오는 탄성을 삼키기 위해 애를 썼다. 솔로는 그제야 자기 자리에 앉았 다. 그리고 정하의 두 손을 꼭 맞잡았다.

"정하 씨! 고마워요. 절대로 실망시키지 않을 게요, 절대로."

솔로의 말을 듣는 정하의 얼굴엔 수줍은 미소가 물결처럼 번져나갔다.

무대 위에서는 이들의 사랑을 축복이라도 하듯 피아니스트가 연주를 시 작했다. 영화 '러브 어페어'의 OST 중, 엔리오 모리꼬네의 '피아노 솔로' 부분이었다. 청아하고 아름다운 피아노의 선율이 솔로와 정하를 포근히 감싸고 있었다.